Ralph Dutli
Das Gold der Träume

Ralph Dutli

Das Gold der Träume

Kulturgeschichte eines göttlichen und verteufelten Metalls

Wallstein Verlag

Für Catherine, Boris, Olivier, Jacqueline

Bibliografische Information der Deutschen Nationalbibliothek

Die Deutsche Nationalbibliothek verzeichnet diese Publikation in der Deutschen Nationalbibliografie; detaillierte bibliografische Daten sind im Internet über http://dnb.d-nb.de abrufbar.

www.wallstein-verlag.de
Vom Verlag gesetzt aus der Stempel Garamond
Umschlaggestaltung: Susanne Gerhards, Düsseldorf,

Druck und Verarbeitung: Pustet, Regensburg
ISBN 978-3-8353-3834-0

Gold liebt es, mitten durch die Leibwächter zu gehen
und, stärker als ein Blitzstrahl, Steinwände zu brechen

Horaz

Sag nie, das Gold sei nichtig, gar nichts wert,
Weil es für sich allein die ganze Menschheit nährt

Pierre de Ronsard

Wo kommst du her? – Aus den Klüften,
versetzte die Schlange, in denen das Gold wohnt.
– Was ist herrlicher als Gold? fragte der König.
– Das Licht, antwortete die Schlange.
– Was ist erquicklicher als Licht? fragte jener.
– Das Gespräch, antwortete diese.

J. W. Goethe

Weinend sah ich Gold – und konnte nicht trinken –

Arthur Rimbaud

Was soll ich in diesem Haufen?
Wie bloß kam ich her, mein Gott?
Hab ich Rechte hier, ich brauch es –
Wechseln Sie mir doch mein Gold!

Ossip Mandelstam

Relikt von sterbenden Sonnen

Gold ist ein Fremdling auf der Erde. Es gehört nicht ursprünglich hierher, es ist ein Einsprengsel, das von fernen Himmelskörpern stammt. Es entstand beim Zusammenprall von Neutronensternen, es ist ein Relikt von sterbenden Sonnen. Durch Meteoriten schlug es in die Erdrinde ein. Gold ist also eine glänzende Frucht katastrophaler Kollisionen. Im Juni 2013 beobachteten Astronomen in einer 3,9 Milliarden Lichtjahre entfernten Galaxie einen Gammablitz, der vermutlich von zwei zusammenkrachenden Neutronensternen verursacht wurde. Sie berechneten, dass dabei bis zu zehn Mondmassen (735 Trilliarden Kilogramm) Gold entstanden sein könnten und ins All geschleudert wurden. Auch unser irdisches Gold ist vor unvorstellbar langer Zeit so entstanden. Als himmlische Verschleuderung kam es in den Erdkern und in die Erdrinde, durch eine phänomenale Weltallslotterie.

In ihrer Frühphase wurde die Erde von zahllosen Himmelskörpern bombardiert, die sie mit Edelmetallen anreicherten. Zeitpunkt: vor ungefähr 4,5 Milliarden Jahren. Wie Forscher des Southwest Research Institute in Colorado darlegen, sollen Dutzende von Impaktereignissen – von Urkörpern, die zum Teil mehr als 3000 Kilometer Durchmesser aufwiesen – die Erdmasse vergrößert haben. Sie haben also gleichsam etwas liegen lassen und zur endgültigen Gestalt der Erde beigetragen. Zu der Zeit hatte sie längst ihren Kern gebildet, die schweren Metalle sanken ins Zentrum ab. Die Forscher vermuten, dass sich dort der Löwenanteil der irdischen Edelmetalle befindet.

Woraus der Kern genau besteht, wissen wir Erdbewohner trotz aller Wissenschaft noch immer nicht genau, wir wissen nicht, was uns im Innern zusammenhält. Metallisch soll er sein, aus Eisen und Nickel bestehen, aber nicht homogen. Jedenfalls ist ein rein goldenes Herz der Erde unwahrscheinlich, obwohl dort die vermutlich größten Goldvorkommen liegen. Auch was wir wissen, wissen wir nicht seit langem, noch nicht einmal seit hundert Jahren.

Der Kern hat einen Durchmesser von 6942 Kilometern, sein Volumen beträgt ein Sechstel der ganzen Erde, aber er ist von hoher Dichte, macht ein Drittel der Erdmasse aus, also wiegt unser Zentrum sehr schwer. Die dänische Erdbebenforscherin Inge Lehmann fand 1936 die Grenze zwischen dem festen inneren und dem flüssigen äußeren Kern. Die Kern-Mantel-Grenze liegt in 2900 Kilometern Tiefe, Erdbebenwellen haben auf deren Spur geführt. Anbohren nicht empfohlen. Keine Sorge: Die tiefste, auf der russischen Halbinsel Kola bewerkstelligte Bohrung erreichte 1989 eine maximale Tiefe von »nur« 12,262 Kilometern.

Aber als Traum existiert das Vordringen zum Kern eben doch, Jules Verne hat ihm in seinem Roman *Reise zum Mittelpunkt der Erde* 1864 Ausdruck verliehen. Dort steigt das Team um den Hamburger Professor Otto Lidenbrock in den isländischen Vulkan Snaefellsjökull, gelangt zu einem unterirdischen Meer und findet monströse Pilze und urzeitliche Pflanzen, gerät in einen gewaltigen Sturm und findet durch den Krater des Stromboli bei Sizilien wieder auf die Erdoberfläche zurück. Wohl eher ein phantastisches Höhlenerlebnis als eine erfolgreiche Gold-Expedition: Eine verwirrte Kompassnadel war schuld. Aber Jules Verne träumte insgeheim weiter vom

Goldbauch der Erde. In seinem Nachlass fand sich ein Roman mit dem Titel *Der Goldvulkan*, der 1906 postum veröffentlicht wurde. Die Gold ausspuckende vulkanische Kraft aus dem Innern der Erde war Vernes beharrliches Phantasma. Summy und Ben, zwei Goldschürfer in Dawson City, wollen natürlich reich werden, doch der mysteriöse Vulkan, dessen Ausbruch sie mit einer gewaltigen Explosion künstlich auslösen, spuckt am Ende sein ganzes Gold zurück ins Meer. Wieder nichts. Die Erde hat sich ausgespuckt, doch nicht zum Vorteil der Goldgierigen.

Einschläge in späteren Wachstumsphasen waren dann für die Edelmetalle in den äußeren Erdschichten verantwortlich. Durch die Relikte des Zusammenstoßes von fernsten Himmelskörpern wurde der Erdmantel mit Gold gleichsam veredelt. Auch das gehört zu seinem Mythos. Gold ist nicht von hier, es ist selten und wird selten bleiben. Nach den gewaltigen Aufprallereignissen ruht es als Berggold in Gesteinsschichten, als Waschgold in Flüssen. Sein Anteil in der festen Erdkruste beträgt ungefähr vier Gramm auf tausend Tonnen Gestein. Goldkörner oder Goldklumpen sind die Ausnahme, meist steckt Gold in Legierungen mit anderen Metallen.

Der Abbau ist deshalb ungeheuer mühsam und aufwendig – und für die Umwelt ein Desaster, mit gewaltigen Eingriffen in gewachsene Landschaften, in das gesamte Ökosystem. Tausende Tonnen bewegtes Gestein – und das ist nur der Anfang. Zwanzig Tonnen Gestein müssen zermahlen werden, um eine einzige Unze Gold (31,1 Gramm) zu gewinnen. Die Goldminen in Südafrika gehen bis in viertausend Meter Tiefe, die Minenarbeiter wühlen bei extremer Hitze in Stollen unter der südafrikanischen Savanne in den Eingeweiden der Erde. Weitere

Minen liegen über die Welt verstreut, in China, Australien, Russland, Kanada, Peru, Indonesien. Keine Industrie hinterlässt so tiefe Wunden in der Landschaft wie der Goldabbau.

Für ein Kilogramm gewonnenes Gold fallen zehn bis zwanzig Tonnen Kohlendioxid an. Das Edelmetall wird mit hochgiftigem Zyanid herausgelöst, Verbindungen der Blausäure. Kleinschürfer setzen Quecksilber ein, vergiften die Umwelt – und sich selbst. Für ein paar Krümel Gold. Gold selbst ist nicht giftig, es spiegelt Unschuld vor, aber denkt man an seinen Abbau – eine phänomenale Giftschleuder.

Das Problem wird immer bestehen: Um Gold zu gewinnen, nimmt man enorme Umweltschäden in Kauf. Die illegalen Grabungen im Amazonas-Gebiet, etwa in der Region Madre de Dios (übersetzt: Muttergottes!), wo der Goldabbau mit großflächigen Abholzungen des Regenwaldes einhergeht, sind nur ein Beispiel. Die Lungen der Erde werden auch durch Goldgrabungen durchlöchert.

Zwar gibt es auch Scheideanstalten, die nur Gold recyceln, d.h. aus hochwertigem Goldschrott gleichsam »neues Gold« machen. Mehr als zwei Drittel der Goldgewinnung stammen aus Bergwerken, es ist »Primärgold«, der Rest kommt aus der Wiederverwertung. Die Ökobilanz fällt dabei natürlich besser aus als beim Bergbau. Dank seiner Leitfähigkeit und chemischen Unveränderlichkeit ist Gold in Elektronik und Computertechnik, im Herzen der Prozessoren und in USB-Sticks unersetzlich. Keine Informatik, keine Raumfahrt ohne Gold. Auch das süße Handy will Gold in seinen Innereien …

Ein konkretes Beispiel für überzeugendes Recycling: die olympischen Sommerspiele 2021 in Japan. Hier wurden im Vorfeld aus vielen Tonnen Elektroschrott, den die Japaner in großen, im ganzen Land verteilten Sammelboxen gespendet hatten, 32 Kilogramm Gold, 4100 Kilogramm Silber und 2700 Kilogramm Bronze gewonnen und daraus insgesamt 5000 olympische Medaillen im Wert von drei Millionen Euro hergestellt. Selbst Olympia lernt sparen und recyceln. Auch dafür sollte es eine Goldmedaille geben.

Die bisher in der Gesamtgeschichte der Menschheit geförderte Goldmenge beträgt ungefähr 200.000 Tonnen. Ein verblüffend schlicht anmutender Würfel von nur einundzwanzig Metern Seitenlänge könnte aus dem gesamten Gold der Menschheit geformt werden. Als imaginäres Monument seiner Seltenheit. Zwei Drittel davon wurden jedoch seit der Mitte des 20. Jahrhunderts gewonnen, sie verraten also einen besonderen Goldhunger unserer Zeit, neben gesteigerten industriellen Fertigkeiten.

Das lateinische Wort *aurum* hat sich in die romanischen Sprachen fortgesetzt (or, auro), das deutsche »Gold« geht auf die indogermanische Wurzel *ghel* zurück, die »gelb« und »glänzend« bedeutet. Das Visuelle, der helle gelbe Glanz also hat hier das Wort bestimmt. Aber Vorsicht: Gold ist bei aller lautlichen Nähe zum »Geld« wortgeschichtlich nicht damit verwandt, Letzteres stammt aus dem althochdeutschen *gelt,* das noch in »Vergeltung« und »Entgelt« hörbar ist. Gold beharrt auf seinem eigenen Ursprung, seiner eigenen Wortgeschichte.

Das chemische Element Nr. 79 im Periodensystem ist weich, aber schwer. Von hoher Dichte, leicht dehnbar und formbar, sein Schmelzpunkt nicht einmal besonders hoch: 1064,18 Grad. Gold ist schon in seiner chemischen Anlage ein Paradox. Weich und formbar, aber ohne chemische Reaktion: Es reagiert nicht auf den Sauerstoff, den wir zum Atmen brauchen, rostet nicht, zersetzt sich nicht. Es reagiert überhaupt nicht, es ruht in sich selbst, eignet sich ideal für Schmuck, Statuen, Münzprägungen, Grabbeigaben. Schwer und weich und unzerstörbar: Jeder Verwitterung trotzend, ist es ein permanenter Widerstand gegen alle Vergänglichkeit, eine goldene Verkörperung der Ewigkeit.

Die Maßeinheit für den Feingehalt oder die Reinheit des Goldes wird in Karat gemessen: 24 Karat bedeutet die höchste Reinheit, tritt Gold vermischt mit anderen Metallen auf (Silber, Kupfer), nimmt diese Reinheit naturgemäß ab, 18 Karat meint: Dreiviertel Gold, das andere Viertel besteht aus einem anderen Metall. Es ist praktisch unmöglich, alle Verunreinigungen zu eliminieren, deshalb steht auf Feingoldbarren die ominöse Zahl »999,9«, die eine größtmögliche Annäherung an höchste Reinheit bezeichnet. Reinheit und Unreinheit auch im moralischen Sinne – sie liefern sich in der Kulturgeschichte des Goldes einen unerbittlichen Kampf.

Gold ist das Metall der Superlative, es scheint die Superlative anzuziehen wie ein Magnet. Platon (428 bis 347 v. Chr.) gibt in seinem späten Dialog *Timaios* das Muster vor: »Von allen Körpern ist das aus den feinsten und gleichmäßigsten Teilen entstandene, dichteste, einzigartige, in glänzend gelber Farbe leuchtende, köstlichste Besitztum: das Gold.« Aber schon aus der Antike kommen warnende Stimmen. Gold ist ein Prüfstein für den Menschen, zeigt seine gelassene Souveränität oder die Gefährdung durch die Gier. Es ist ein Metall, das an ihm zehrt, das ihn verzehrt. Der griechische Dichter Pindar (520 bis 446 v. Chr.) bezeichnet zwar Gold als »Götterkind«, aber es ist ein Spross mit Zersetzungspotential: »Gold ist ein Kind des Zeus; weder Motten noch Rost verzehren es – aber der Geist des Menschen wird von diesem kostbarsten Stoff verzehrt.«

Gold trägt die Geschichte eines merkwürdigen Außerirdischen in sich. Geschenk oder Überbleibsel einer himmlischen Verschleuderung. Der größte bekannte Goldnugget übrigens wurde 1869 in Australien gefunden und wog siebenundneunzig Kilogramm. Er bekam einen sprechenden Namen verpasst: *Welcome Stranger.* Willkommen, Fremdling!

Der Kaiser von Kalifornien

Ein karges Bündel auf dem Rücken, mit verbeultem Frack und elegantem Spazierstöckchen, obligater Krawatte und schwarzer Melone, trippelt er durch eine Eiswüste. Wo sind wir hingeraten? Eine Schrifttafel verkündet: »Drei Tage von Irgendwo«. Wir sind im hohen Norden des amerikanischen Kontinents, zur Zeit des Goldrauschs von 1897 am Klondike River in Yukon, wo Städte über Nacht entstehen und jeden Tag neue Horden von Goldschürfern herangespült werden. Bald hat er gegen Schneegestöber, eisige Kälte und quälenden Hunger anzukämpfen und wird in eine lottrige Holzhütte geweht. Dort muss er sich gegen den vor Hunger fast wahnsinnigen, bärengleichen Goldschürfer Big Jim wehren, der ihn für ein Huhn hält und ihn verspeisen will. Er weiß sich zu helfen, kocht seinen rechten Schuh, verspeist mit stoischer Miene und gelegentlichem Schluckauf die Sohle, leckt als vermeintlicher Gourmet die Nägel ab und rollt die Schnürsenkel auf seine Gabel, als wären es Spaghetti – während der verdrießlich dreinschauende Big Jim das üppigere Leder-Oberteil des Schuhs abbekommt. Vorerst glücklos, aber einfallsreich, wird er seinen Weg gehen.

Richtig geraten: Wir sind in Charlie Chaplins hinreißendem Stummfilm *Goldrausch* von 1925, einem wahren Goldstück der Filmgeschichte. Wer könnte die verblüffende Szene vergessen, in welcher der einsame Goldschürfer im Traum die appetitlichen Brötchen an zwei Gabeln tanzen lässt? Und keine Angst: Es wird alles gut. Charlie wird mit seinem linkischen Charme den Aufschneider im prächtigen Pelzmantel ausstechen und doch noch die Tänzerin Georgia, die ihn zuerst übersehen und dann aus Langeweile versetzt hat, für sich gewinnen. Als Teilhaber von Big Jims riesigem Goldberg wird er gleichsam über Nacht Multimillionär. Auf dem Rückfahrerschiff mit dem bezeichnenden Namen *Success* wird er von einem Reporter gebeten, für ein Foto noch einmal seine Landstreicherkleider anzuziehen, posiert kokett darin und purzelt dann eine Treppe hinunter genau vor die Füße seiner schönen Georgia. Der Kapitän schimpft den vermeintlichen blinden Passagier heftig aus, die Angebetete will für dessen Fahrkarte bezahlen und ahnt nicht, dass der Tramp inzwischen ein gemachter Mann ist. Das Missverständnis ist rasch aufgeklärt. Der von der Kamera des Reporters eingefangene Kuss beendet rasant jedes schlimme Missgeschick und alles erlittene Unglück.

Nicht jedes Goldschürferdrama ging in Wirklichkeit so heiter aus. Das Unglück kennt verschlungene Wege. Was haben Sägespäne mit Goldnuggets zu tun? Eine Sägemühle in Kalifornien spielte eine gewichtige Rolle in der Geschichte des Goldrauschs. Der Zimmermann James

Wilson Marshall sollte für den Schweizer Auswanderer und Großgrundbesitzer Johann August Suter (1803 bis 1880) in dessen rasch aufgeblühter Kolonie mit dem malerischen Namen »Neu-Helvetien« eine Sägemühle am American River bei Coloma errichten. Der Ort lag hundertfünfzig Kilometer nordöstlich eines elenden, damals noch mexikanischen Fischerdorfes namens San Francisco. Am Morgen des 24. Januar 1848 sah er im Sand der Baugrube unter seiner Schaufel etwas aufblitzen, das er vielleicht besser nicht gesehen hätte.

Er stieß auf einen – nicht einmal besonders spektakulären – Goldnugget. Der unglückliche Marshall wird damit völlig unerwartet einen historischen Wirbelsturm auslösen, den großen kalifornischen *Gold Rush.* Suter, sein Arbeitgeber und schwerreicher Herrscher über »Neu-Helvetien«, hatte bereits erstaunliche Höhen und Tiefen erlebt. Nach dem Konkurs seines Tuchwarenhandels in Burgdorf in der Schweiz wurde er von den bernischen Behörden wegen Betrugs steckbrieflich gesucht und hatte es eilig, vom Horizont zu verschwinden, wobei er seine Frau und seine fünf Kinder als lästiges Gepäck zurückließ. Mit einunddreißig Jahren war er 1834 über Paris und Le Havre, wo er sich auf dem Dampfer mit dem hoffnungsfrohen Namen *Espérance* einschiffte, nach New York ausgewandert, schlug sich mehr schlecht als recht durch und brach schließlich ins noch unerforschte Kalifornien auf. Nach unermesslichen Strapazen und Kämpfen gegen die indianischen Ureinwohner schaffte er es, sich dort weiträumige Ländereien zur Bewirtschaftung überschreiben zu lassen. »Neu-Helvetien« florierte rasch auf dem fruchtbaren Boden, geschützt von einer soliden Festung, dem »Fort Suter«, und einer privaten Söldnertruppe. Aus dem gesuchten Betrüger und stolzen Kolonisten, der schon bald als »Kaiser von Kalifornien« betitelt wurde und als reichster Mann der Welt galt, wurde allerdings recht schnell ein tragischer Pechvogel.

Statt Sägespänen sollten dem Vorarbeiter und seinem Patron bald die Schreckensnachrichten um die Ohren fliegen. Suter beschwor seine Arbeiter, den unverhofften Fund nur ja nicht auszuplaudern. Leider – und vorhersehbar – ohne Erfolg. Die Nachricht vom Goldfund verbreitete sich wie ein Lauffeuer, »Telegraphen sprühen die goldene Verheißung über Länder und Meere«, wie der Schriftsteller Stefan Zweig es ausdrückte. Glücksucher und Hasardeure aus der ganzen Welt brachen nach Kalifornien auf, um dort vermeintlich zu immensem Reichtum zu gelangen. Schiffseigner warben in den verarmten europäischen Ländern für Reisen zum Goldrausch nach Kalifornien. Kein Weg war zu weit, die Schiffe kamen von überall her. Ganze Siedlerströme, tausend und ein langer Tross von Planwagen machte sich von der Ostküste Amerikas nach Kalifornien auf, ins trügerische Eldorado aller Träume, nach Kalifornien, das noch heute den Ehrentitel *Golden State* trägt. Die Zeit drängte. Wer zuerst seinen *Claim* absteckte, sein Schürfrecht beanspruchte, war schneller im erhofften Himmel unermesslichen Wohlstands angekommen, der allerdings mit Blut und Wahnsinn bezahlt werden wollte.

Das Wort *rush* bedeutet »Hast« und »Hetze«, die lautliche Nähe zum deutschen Wort »Rausch« ist ein nach dem Wortsinn falscher, aber passender Goldnugget. Denn der Rausch, der Abertausende von Menschen ergriff, ruinierte Abertausende von fanatischen, mit Spitzhacke, Schaufel und Goldwaschpfanne bewehrten Goldschürfern, die oft nicht einmal mehr Zeit fanden, ihr eigenes Grab zu schaufeln. Nur die wenigsten wurden reich, der Goldrausch stürzte die meisten in abgrundtiefes Elend.

Scharen von Goldschürfern drangen auf Suters weitläufige Ländereien vor, der sich gegen den Ansturm schlicht nicht wehren konnte. »Neu-Helvetien« versank in Gier und Gewalt, es wurde zu einer Zone, in der es kein Recht und keine Ordnung mehr gab. Die goldgierigen Menschenschwärme ruinierten Suters Imperium in Windeseile, der »Kaiser von Kalifornien« verlor seinen riesigen Grundbesitz und starb verarmt. Ein amerikanisches Drama, geradezu die Verkehrung des amerikanischen Traums vom glänzenden sozialen Aufstieg.

So erging es den meisten kalifornischen Glücksrittern. Was sie erwartete, war Schmutz, Elend, Erschöpfung, Krankheit, Gewalt und Verbrechen – und in Ausnahmefällen ein paar Körnchen des glänzenden Metalls. Die in kürzester Zeit gewachsene Stadt San Francisco brannte mehrmals, die hygienischen Verhältnisse waren katastrophal, Ratten und Ungeziefer vermehrten sich rasch, die Cholera brach aus. Das bei der Goldgewinnung freigesetzte Quecksilber vergiftete zudem Seen und Flüsse. Schon 1854, sechs Jahre nach Marshalls Fund, wurde der Goldabbau industriell betrieben, das Goldfieber der kleinen privaten Goldschürfer flackerte ein letztes Mal auf und erlosch. Wer heute Blue Jeans als Beinkleidung mag, trägt meist ohne es zu wissen ein Relikt des Goldrauschs, denn Levi Strauss aus dem oberfränkischen Buttenheim bei Bamberg erfand die blaue strapazierfähige Hose ausdrücklich für Goldsucher. Ihm wenigstens brachte die Auswanderung ins fiebrige San Francisco Glück. Besser als Gold war – die Hose.

Die idyllische *Sutter's Mill* ist heute ein Nationalheiligtum, trägt den stolzen Namen *Marshall Gold Discovery State Historic Park* und gehört zu den gehätschelten staatlichen Parks Kaliforniens. Schließlich hat die bescheidene, vom Zimmermann Marshall errichtete Sägemühle Geschichte geschrieben. Goldgier gehört zur Geschichte des amerikanischen Kontinents, sie ist Teil des Gründungsmythos der Vereinigten Staaten wie jene Passage vom »Streben nach Glück«, *pursuit of happiness*, das die amerikanische Verfassung jedem Bürger zuerkennt.

Johann August Suter erlitt als gedemütigter Kaiser von Kalifornien einen spektakulären Ruin, doch fand er als tragische Figur Eingang in die Werke erstrangiger Schriftsteller. Stefan Zweig setzte ihm in der Erzählung *Die Entdeckung Eldorados* ein Denkmal, das er 1929 in die berühmte zwölfteilige Sammlung *Sternstunden der Menschheit* aufnahm. Zweig verhehlt weder die euphorischen Aufschwünge noch den tragischen Abstieg, die das Schicksal des berühmten Kolonisten bestimmten. Vom »Kaiser« zum »enttäuschtesten Bettler dieser Erde«, wie Zweig ihn nennt, der vor Drastik nicht zurückschreckt: »Der Rush, der menschliche Heuschreckenschwarm, die Goldgräber. Eine zügellose, brutale Horde, die kein Gesetz kennt als das der Faust, kein Gebot als das ihres Revolvers, ergießt sich über die blühende Kolonie.«

Ein eindrucksvolles Monument für Suter schuf auch dessen Schweizer Landsmann, der 1887 in La Chaux-de-Fonds geborene, 1961 in Paris verstorbene Dichter Blaise Cendrars, indem er ihm 1925 einen ganzen Roman widmete, der zu einem Welterfolg wurde. Der Dichter Yvan Goll übersetzte ihn und machte ihn auch im deutschen Sprachraum berühmt: *Gold. Die fabelhafte Geschichte des Generals Johann August Suter.* Cendrars, unter seinem richtigen Namen Frédéric-Louis Sauser, war ein helvetischer Weltenbummler und Abenteurer. Im Ersten Weltkrieg verlor er seine rechte Hand, als er als Fremdenlegionär auf französischer Seite kämpfte. In »General

Suter« muss er einen lohnenden tragischen Abenteurer gewittert haben. In seinem *Gold*-Roman gibt es einen Brief Suters, in dem er die Katastrophe, die auf ihn niederbrach, zu verstehen versucht: »Nach diesem Spatenstich verließ mich alles … Das Gold aber ist verflucht und alle, die herkommen, um es zu suchen, sind verflucht, denn die meisten verschwinden, niemand weiß wie. Alle diese letzten Jahre war das Leben hier eine Hölle. Nur noch Mord, Totschlag und Diebstahl. Es gab niemanden, der sich nicht auf Räuberei verlegt hätte. Viele sind verrückt geworden oder haben Selbstmord verübt. Und das alles für Gold, dasselbe Gold, das sich nachher in Schnaps verwandelt und Gott weiß in was nachher … Das Tier der Apokalypse geht im Lande um und jedermann ist voller Erregung … Ich war der reichste Mann der Welt, das Gold hat mich ruiniert.«

Das Tier der Apokalypse – eine wahrlich dramatische Bezeichnung des Goldfiebers. Am Schluss in religiösen Wahn verfallend, lallt in Cendrars' Roman der bald sterbende Schweizer Kolonist, der alles verloren hat, aufreibende Prozesse führen muss und schließlich nur noch die umstehenden Straßenkinder beschenken will, die Worte: »Wenn ich gewinne … gebe ich euch all das Gold, das mir zukommt, ein gerechtes, ein gereinigtes Gold. Gottes Gold.« Und Blaise Cendrars' Roman endet mit den Worten: »Wer will Gold? WER WILL GOLD?«

Am kalifornischen Gold klebten so viel Schmutz und die Spuren roher Gewalt, dass der Traum vom »gerechten« und »gereinigten« Gold wie ein tiefer Wahn anmuten muss. »Gottes Gold«? Wie könnte das götzenhaft verehrte und begehrte Gold je wieder neu und rein werden nach dem kalifornischen Inferno? Was bleibt, sind die literarischen Spuren bei Zweig und Cendrars – beide fasziniert vom Phänomen des Goldrauschs, bei dem der Mensch dem Menschen als gieriger Wolf erscheint.

Aber lassen wir einen Schriftsteller nicht unerwähnt, der tatsächlich bei einem Goldrausch dabei war. Zu Beginn des 20. Jahrhunderts war er immerhin der meistgelesene Autor der Welt, seine Abenteuerromane *Ruf der Wildnis* (1903) und *Wolfsblut* (1906) erreichten Millionen lesehungrige Jugendliche und vom Aufbruch in die Wildnis träumende Erwachsene: Jack London (1876 bis 1916). In San Francisco geboren, in bitterer Armut aufgewachsen, schuftete er schon als Kind für zehn Cent die Stunde in einer Konservenfabrik, war Austernpirat, Robbenjäger, Kohlenschaufler. London nahm 1897 am gewaltigen Goldrausch am Klondike River teil, er litt schwer an den Strapazen der Goldschürferexistenz, erkrankte an Skorbut und musste völlig mittellos nach Kalifornien zurückkehren. Der von ihm ergatterte Goldstaub erbrachte ganze vier Dollar fünfzig. Die einzige Goldmine, die er fortan ausbeuten konnte, waren seine eigenen Erlebnisse in den autobiographisch grundierten Romanen *Lockruf des Goldes* (1910) – sein erfolgreichstes Buch – und *Alaska-Kid* (1912).

Aber wer hätte sich ausmalen können, dass das Thema des kalifornischen Goldrauschs noch bis in die Gegenwartsliteratur gelangen könnte? Der Büchner-Preisträger Jan Wagner feierte am 26. Juni 2017 eine Premiere. Sein Hörspiel *Gold. Eine Revue* wurde auf der Bühne eines Frankfurter Theaters uraufgeführt, danach mehrmals in Rundfunkanstalten ausgestrahlt und als Hörbuch veröffentlicht. Es ist ein »lyrisches Stimmenspiel« mit packenden Musikeinlagen à la *Dreigroschenoper* zwischen Goldgräbern und Glücksrittern in einem der über Nacht entstehenden Städtchen in Kalifornien zur Zeit des

Goldrauschs. Wagners Stimmenspiel ist die »Revue zum Rausch«, in der »die Lebenden und auch die längst vergessenen Toten, verscharrt in der Erde, ein letztes Mal reden dürfen, so wie auch das Gold, das bleibt, während die, die es suchten, vergingen«. Und auf den Punkt gebracht vom Dichter selbst in einem kompakten klassischen Vers: »Wo nichts von Dauer ist, bin ich noch da und bleibe.« Es ist das Gold, das spricht.

Der Goldrausch ist also radiophonisch bis in die Gegenwartsliteratur vorgedrungen, weil sich in ihm Menschliches-Allzumenschliches kristallisiert und bricht, Lust und Gier und Verderben und Verfall. Goldrausch als repräsentatives Phänomen der Menschheit. Warum aber steht er zu Beginn dieser Umschau in der Kulturgeschichte des Goldes? Weil das irrationale Element in seinem Wesen – Maßlosigkeit, Gier, Fieber, Rausch und Wahn – nicht zu leugnen, nicht zu verdrängen ist. Weil Gold menschliche Abgründe offenbart, eine unwiderstehliche Lockung darstellt, die zu Abstieg, Verkommenheit, Verelendung führen kann. Ein Gang durch die Kulturgeschichte des Goldes bedeutet immer eine doppelte Geschichte – von Glanz und Gier, Höhenflug und Absturz.

Krisengeld gegen Krypto-Gold

Gold ist ein ganz realer Stoff, sichtbar, betastbar, eher geschmacklos, sicher geruchlos. Das ist natürlich ironisch gemeint, denn in einer Epoche der digitalen Kryptowährungen scheint die Bemerkung nicht überflüssig. Von ihren Adepten werden sie als »digitales

Gold« bezeichnet, was wohl eher eine Majestätsbeleidigung für das göttliche Metall sein dürfte. Auch sprachlich ist es eine Flunkerei. Aber ist nicht auch die Bezeichnung »Betongold« für Immobilienbesitz ein irres Paradox? Beton ist Beton. Doch Gold scheint sich auch als patent gebräuchliche Metapher in diversen Bereichen anzubieten. Schwarzes Gold (Erdöl, Kaviar, Trüffel), weißes Gold (Salz, Lithium, Porzellan), grünes Gold (Olivenöl), blaues Gold (Solarzellen), rotes Gold (Safran) usw.

Die Verächter der Kryptowährungen betrachten sie als bloßes Spielgeld ohne inneren Wert oder Wertbeständigkeit, ungedeckt und schwindsüchtig. Als einen aus dem Nichts geschaffenen, puren Wahn. Von hoher Volatilität, bei der immerzu der endgültige Absturz drohe. Die kopflose »Krypto-Vergottung«, sagen sie, werde in die Hölle alias den Totalverlust führen. Tatsächlich scheint ihnen nicht einmal religiöses Vokabular abwegig. Ein bloßer Spuk, der vorbeigehen werde. Sie seien kein Wertaufbewahrungsmittel, kein Wertspeicher wie das gute alte Gold. Als »Rattengift hoch zwei« bezeichnet der amerikanische Großinvestor Warren Buffett die Kryptowährungen. Das neue Phänomen scheint auch die Metaphernprägungen zu beflügeln.

Ist das der neue Goldrausch, der Goldrausch unserer Zeit? Ein neues Kalifornien, ein neuer Klondike? Oder wird es am Ende des Spuks auch hier nur sterbende Sonnen geben? Es sind unvorstellbare Mengen von künstlich geschaffenem »elektronischem Geld« weltweit in der Luft. Die Loopings der Kryptowährungen bedeuten eine neue Etappe nach den sogenannten Fiatwährungen, den deckungsfreien Papierwährungen, die ein als Tauschmittel eingesetztes Objekt ohne inneren Substanzwert bezeichnen. »Nur Gold ist Geld. Alles andere ist Kredit!«, verkündete der amerikanische Bankier John Pierpont Morgan im Jahr 1912. Es bleibt bis heute das Credo der Gold-Verehrer in der von Kryptowährungen betörten, zuweilen sturmgepeitschten Finanzwelt.

Am 15. August 1971 stoppte der damalige US-Präsident Richard Nixon die im Jahr 1944 mit dem Bretton-Woods-Abkommen festgelegte Goldbindung des Dollars. Eine kapitale historische Wende. Der »Nixon-Schock« erschütterte die Welt – Amerika brauchte viel neues Geld für den Vietnamkrieg. Im Jahr 1972 empfahl der Internationale Währungsfonds seinen Mitgliedern die Aufhebung der Golddeckung der Währungen, der »Goldstandard« wurde abgeschafft. Währungen und Wechselkurse waren gleichsam von der Leine gelassen, seither erfüllt das Geräusch der Notenpresse die Luft eines zitternden Systems.

Gold ist das Gegenteil von Fiatgeld, es hat neben dem äußeren Tauschwert auch einen unbestreitbaren inneren Wert. Und das seit Jahrtausenden. Aber auch der Wert des Goldes beruht auf Konvention. Es hat immer nur den Wert, den die Menschen ihm zu geben bereit sind, und er ist keine absolute Größe.

Als arabische Karawanen im Mittelalter von Nordafrika aus mit ihren Kamelen die Sahara durchquerten und über dreitausend Kilometer zurücklegten, um das begehrte Metall aus den westafrikanischen Minen einzuhandeln, waren sie schwer bepackt mit einem lebensnotwendigen Gut, das dort so geschätzt wurde, dass die Einwohner Guineas bereit waren, es mit Gold aufzuwiegen: Salz, das »weiße Gold«. Der als »Goldküste« bekannte Landstrich, der heute zu Ghana gehört, hatte jedoch noch ein anderes Tauschmittel anzubieten. Die Kamelkarawanen brachten auch das zurück, was unter dem zynischen

Ausdruck »schwarzes Gold« bekannt wurde: Sklaven. Eine verstörende Assoziation von Mensch und Metall – der Mensch als bloße Ware, die anderen Menschen Gold einbringen soll. Weißes Gold gegen schwarzes Gold, und immer ist als abgründige Metapher das glänzende Metall im Spiel.

Als holländische Händler Ende des 15. Jahrhunderts in den Häfen große Säcke ausluden, wollten sie auch dieses wertvolle Gut zeitweise nur gegen das Gewicht in Gold aufwiegen: Pfefferkörner. So ändert sich die Skala der Wertzuschreibungen durch die Zeiten. Uns mutet es sonderbar an, dass Salz und Pfeffer, die wir heutzutage im Supermarkt für ein paar lächerliche Cents einkaufen, in gewissen Momenten und an bestimmten Orten des Erdballs nur gegen Gold aufgewogen werden wollten. Salz und Pfeffer!

Gold gaukelt Wertbeständigkeit und solide Wertaufbewahrung vor und ist doch den Hochs und Tiefs des Unzenpreises unterworfen. Und es gibt auch heute eingefleischte Gold-Skeptiker. In den Gazetten diverser Länder ebben die Diskussionen um das »Krisengeld« Gold in Zeiten wirtschaftlicher Rückschläge und erhöhter Inflation nicht ab. Der Streit zwischen Goldadepten und Goldverächtern scheint unversöhnlich, die Spekulationen um den angeblich manipulierten Goldpreis nähren wirtschaftspolitische Verschwörungstheorien. Die Schlagzeilen haben eine verblüffende Spannweite: »Die einzige echte Währung: Gold« bis zu »Vermögensvernichtung mit Gold«. Ist Gold noch immer das altbewährte »Krisengeld« oder ein trügerischer Notgroschen? Das seltene Metall ist noch nie in der Geschichte so kontrovers diskutiert worden. Es zeigt die Verhaltensweisen der Menschen zwischen Angst und Euphorie.

Geopolitische Konflikte und Krisenherde, ob sie Syrien, Iran oder Nordkorea heißen, schüren die Nachfrage nach Gold. Inflationsängste beflügeln Preisphantasien. Jeder neue Atomtest Nordkoreas, mit dem der Machthaber Kim Jong-Un die Welt provozierte, ließ den Preis für das gelbe Metall steigen. Aber auch Ängste sind instabil, beruhigen sich zuweilen rasch. Das ist so menschlich … Rasche Erregung, Angstreaktion und allmähliche Beruhigung durch den Anschein wiederhergestellter Ordnung.

Gold gilt als »sicherer Hafen« in turbulenten Zeiten und als Schutz gegen Inflation. Nicht nur Individuen steuern ihn an, auch Staatslenker haben Reflexe. Wenn die Währungen ihrer Länder rapide an Wert verlieren, flüchten sie sich gerne ins edle Metall, um den Absturz abzufedern. Im November 2017 titelte eine deutsche Tageszeitung: »Putin und Erdogan im Goldrausch«. Als Rubel und Lira stark abwerteten, waren die Notenbanken Russlands und der Türkei die größten Goldkäufer unter den Staaten der Welt. Von Allmacht träumende verspätete Sultane und neue Zaren flüchten ins Goldrefugium, nehmen beim traditionellen Krisengeld Zuflucht.

Dass sich die Nachfrage nach Gold seit dem Jahrhundertwendejahr 2000 verzehnfacht hat, deutet scheinbar auf große Begehrtheit. Doch immer wieder gibt es Einbrüche, Rückschläge. Seit dem Rekordhoch im Jahr 2011 befand sich das Metall im Abwärtstrend oder dann ab 2016 auf einem holprigen Seitwärtskurs. Obwohl es eigentlich genug Krisen gegeben hätte. Nicht einmal auf die Krisen war Verlass.

Aber dann kamen der Juni 2019 und weltweite Rezessionsängste, befeuert von Trumps Handelskrieg mit China, Irankrise, Brexit, zermürbenden Null- und Negativzinsen oder sogar Furcht vor einem Kollaps des

Finanzsystems. Der Goldpreis brach nach oben aus und hielt sich, zusammen mit Goldminenaktien, bis zum Jahresende in aussichtsreichen Höhenlagen. Dann säte das weltweit auftretende Coronavirus und eine unheimliche Lungenkrankheit Panik und Börsen-Albträume und ließ Gold zeitweilig noch begehrter werden. Selbst Viren also können die Wertschätzung des Goldes beeinflussen. Aber: Höhenrausch und Absturzängste sind oft die beiden Seiten derselben (Gold-)Medaille. Hinauf, hinunter. Das edle Metall nimmt es gelassen hin. Gold ist schwindelfrei.

Gewinnen, verlieren, gewinnen, verlieren – der ewige Rhythmus ist vorgegeben, aber seine Ausschläge sind unvorhersehbar. Das symbolische Gemälde *Fortuna und der Bettler* (1836) des russischen Malers Alexej Markow auf unserem Buchumschlag zeigt die Schicksalsgöttin mit einem Füllhorn, das sich in den zerschlissenen Beutel eines Bettlers ergießt. Den überraschten Empfänger trifft es unverhofft, doch durch ein Loch entweichen die Goldmünzen auch schon wieder. In zahlreichen Abbildungen wird die unstete Fortuna mit verbundenen Augen auf einem Rad oder einer Kugel balancierend dargestellt. Die blinde Göttin teilt aus und nimmt gern rasch wieder weg.

Gold war und ist aber gar nicht unbedingt das seltenste, teuerste, wertvollste Metall. Momentan können in der Geschichte ganz andere Prioritäten entstehen. Durch erhöhte Nachfrage aus der Autoindustrie waren im Moment der Niederschrift dieses Buches die Edelmetalle Rhodium und Palladium heiß begehrt, weil sie in Autokatalysatoren zur Reduktion von Stickstoffmonoxid zum Einsatz kommen. Der Aufschwung ist auch dem Diesel-Skandal geschuldet. Aber schon 2008 kostete eine Feinunze Rhodium – oft »das edelste der Edelmetalle« genannt – zehnmal so viel wie eine Feinunze Gold, mehr als 10.000 Dollar, so viel wie nie zuvor. Mit der Verschärfung von Abgasvorschriften in vielen Ländern steigt die Nachfrage nach wirksamen Katalysatoren. Das Klima gibt den Ausschlag.

Das Beispiel soll nur zeigen: Der Wert des Goldes ist ein relativer, kein absoluter. Mal sind Salz und Pfeffer, mal Rhodium und Palladium die Vergleichsstoffe und Wertmesser. Aber keines der erwähnten seltenen Edelmetalle hat auch nur annähernd die kulturelle Aura von Gold, die seit Jahrtausenden im Menschheitsgedächtnis gespeichert ist. Es ist schlicht das magischste und attraktivste der Edelmetalle.

Keine Angst, die vorliegenden Seiten sind keine Anlageberatung, sie folgen nicht der Fieberkurve oder dem Puls des Tages, sondern erkunden ein kulturelles Fundament – das seinerseits von einer gewissen Dramatik nicht verschont bleibt. Der ökonomisch-pragmatische Zugang erhellt nicht den »mythischen« Hintergrund des Metalls. Ist Kultur nicht die beste Anlage und das ultimative Kapital, auf dem auch unsere Gegenwart ruht? Die jahrtausendealte Faszination des »ewigen«, unzerstörbaren Metalls ist eine anthropologische Konstante. In nahezu jedem Abschnitt der Menschheitsgeschichte wurde Gold begehrt und verehrt, gesucht und bewahrt, gehortet und zu Kunstwerken verarbeitet.

Die Reduktion seiner Bedeutung auf das bloße »Krisengeld« ist eine irreführende Verengung. Die Unversehrbarkeit durch Rost, durch die zerstörerische Macht des Sauerstoffs, die allen Dingen zusetzt, bleibt ein gewichtiger Teil des Faszinosums. Denn das Menschenleben ist vielfachen Gefährdungen ausgesetzt und von entmutigender Kürze, das verführerische »weiche« Metall Gold jedoch scheint Dauer und Ewigkeit zu gewähren.

Dass das glänzende Metall eine beträchtliche mythische Aura aufweist, dass es in der Kulturgeschichte der Menschheit eine ungeheure Ausstrahlung zeigt, ist schwer zu bezweifeln. Es ist Symbol für Macht, Reichtum und Ansehen, aber auch Ansporn zu höchster Veredelung, zu reichen Mythen, religiösen Riten, magischen Praktiken und tiefgründigen Geschichten voller Weisheit, zu kunsthandwerklichen Spitzenleistungen, hervorragenden Kunstwerken.

Gold strahlt in Mythen und Märchen, Gold blitzt im Schatz der Sprichwörter vieler Völker. Gold ist »in aller Munde«. Vielleicht hat gerade der deutsche Volksmund eine geheime Vorliebe für das blendende Metall, es gibt Dutzende von Sprichwörtern, in denen Gold vorkommt. Für eingefleischte Frühaufsteher, die anderen mögen dieses Sprichwort wirklich nicht: »Morgenstund' hat Gold im Mund.« Nicht erbaulich für ungebremste Plaudertaschen: »Reden ist Silber, Schweigen ist Gold.« Für Geistesarbeiter gelinde gesagt demoralisierend: »Handwerk hat goldenen Boden.« Gold ist im Sprichwort immer positiv besetzt, aber auch in simplen Redensarten, die hervorragende Qualitäten im Menschen bedeuten wollen. »Sie hat ein Herz aus Gold« – das Gegenteil von hartherziger Mitleidlosigkeit. Wer hat noch Neil Youngs größten Hit von 1971 im Ohr: *Heart of Gold*? »I've been a miner for a heart of gold« … Gerade den Ohrwurm nochmals auf YouTube angehört.

»Gold ist warm und hat ein Wesen wie die Sonne«, schrieb Hildegard von Bingen (1098 bis 1179). Es ist warmer Glanz schöner Gegenstände und kaltes Objekt des zählbaren, stapelbaren Reichtums. Im Umgang mit ihm zeigt sich der Mensch mit seinen Widersprüchen, seinen erstaunlichen Fähigkeiten und Fehlern, seinen geistigen

Höchstleistungen und Träumen – und den Abgründen zerstörerischer Leidenschaften.

Gold scheint das Metall der Extreme zu sein. Aber es wurde in der Kulturgeschichte auch mit Maß und Mittelweg assoziiert. Aristoteles preist in seiner *Nikomachischen Ethik* die »Mitte« (mesotes), die sich gegen »Übermaß« und »Mangel« behaupten muss. Das Gute wie auch das Glück liegen für ihn zwischen dem Zuviel und dem Zuwenig. Erst der römische Dichter Horaz (65 bis 8 v. Chr.) verpasste der Mitte jedoch das Eigenschaftswort »golden«: *aurea mediocritas* (Oden II, 10,5). Wer den goldenen Mittelweg wähle, komme am ehesten ans Ziel: Gold ist also nicht nur das Metall der Extreme, golden ist auch die Ferne von den Extremen, golden sind Maß und Ausgeglichenheit.

In der Geschichte der Verehrung und der Verdammung des Goldes gibt es immer einen unerklärlichen Rest, es gibt Paradoxe und Widersprüche, die über das ökonomische Tagesgeschäft weit hinausreichen. Gold leuchtet in den Kulten und Religionen, in der Kunst, in der Literatur. Es ist mit Mythos, Macht und Magie verbunden. Es ist Lichtquelle und dunkler Abgrund.

Götterhaut oder: Tanzen für die Einzige

Eine Menschheit ohne Sorgen und Nöte. Es gibt Nahrung genug für alle, Milch und Honig fließen. Keinerlei Anlass zu Streit und Krieg, keine Feindschaft, keine Gewalt. Es gibt kein Alter, keine Gebrechlichkeit, keine

Krankheit. Den utopischen Traum von der sorgenfreien Menschheit haben mehrere Autoren der Antike geträumt, der erste, der ihn festhielt, ist der um 700 v. Chr. in Böotien geborene Ackerbauer und Dichter Hesiod. In seinem Lehrgedicht *Werke und Tage* schildert er das bäuerliche Alltagsleben, Ethik und Moral, die sich daraus ableiten lassen. Es ist eine an seinen liederlichen Bruder Perses gerichtete Ermahnung, der sein Erbteil verprasst hat und nun auch die andere Hälfte, Hesiods Anteil, für sich haben will. Hesiod ruft ihn zur Besinnung, preist redliche Arbeit und ehrliche Anstrengung, warnt vor Falschheit und Anmaßung im »Eisernen Zeitalter« der Gegenwart, das von Rücksichtslosigkeit und Verrohung geprägt sei. Als notwendige Kontrastfolie braucht er jenes heitere »Goldene Menschengeschlecht«, das er begeistert schildert: »Golden war zuerst das Geschlecht der sprechenden Menschen«, so beginnt er die goldene Story. »Sie lebten wie Götter«, »das Herz ohne Kummer«, »sie freuten sich am üppigen Mahl und kannten kein Unheil.« Als Sinnbild für alles Positive, Helle, Angst- und Sorgenfreie bot sich kein besseres Metall an als das Gold.

Hesiods berühmter römischer Nachfahr Ovid (43 v. Chr. bis 17 n. Chr.) schildert das mythische Goldene Zeitalter im ersten Buch seiner Verwandlungsgeschichten, der *Metamorphosen*, einem außerordentlich einflussreichen Werk der abendländischen Literatur. »Als erstes entstand das Goldene Zeitalter«, verkündet er triumphierend in seinem Bericht vom Anfang der Welt. Es ist alles in bester, paradiesischer Ordnung: »In behaglicher Muße vergingen, ohne Krieger zu brauchen, die Tage sicher den Völkern.« Gold im Zusammenklang mit Zeitbegriffen verweist immer auf ideale Zustände, auf eine kulturelle Blütezeit oder auf einen besonders aufregenden Zeitabschnitt voller Intensität. Goldenes Zeitalter, Goldenes Jahrhundert (Spaniens *Siglo de Oro*), die *Golden Twenties*.

Als Hesiod und Ovid von ihrem Goldenen Zeitalter schwärmten, hatten ältere Völker längst ihre Verehrung und Vergöttlichung des edelsten Metalls gepflegt. Zum Beispiel Mesopotamien: Es brachte die ersten städtischen Hochkulturen hervor, schenkte uns die Erfindung der Schrift, weitreichendes astronomisches, mathematisches und medizinisches Wissen, wichtige Anregungen für Zahlensystem und Zeitteilung, erste Rechtssammlungen. Da ist nur ein Problem: Mesopotamien, das außerordentlich fruchtbare Schwemmland zwischen Euphrat und Tigris, jedoch ohne Gebirge, die Erze hätten spenden können, kannte keinen eigenen Goldabbau.

Ein Café in der Altstadt von Heidelberg, wo ich heute lebe. Ich treffe einen der renommiertesten Assyriologen der Welt zum Gespräch, den hier an der Universität lehrenden Professor Stefan Maul, der nicht nur das *Gilgamesch*-Epos glanzvoll ins Deutsche übersetzt, sondern auch ein Standardwerk über die Wahrsagekunst im Alten Orient verfasst hat. Geduldig und freundlich beantwortet er meine Fragen nach der Bedeutung des Goldes für die mesopotamische Kultur.

Gold kam nur über den Handel ins Land – oder über die zahlreichen Kriegs- und Beutezüge, für die die Assyrer bei den Völkern berüchtigt waren. Das fehlende eigene Gold machte das glänzende fremde Metall für die Könige Mesopotamiens noch begehrter. Einer uralten Überlieferung zufolge wurde das Gold, das ins Zweistromland gelangte, in einem fernen sagenhaften Gebirge im iranischen Osten gefunden, das den Namen *Arallu* trug, der auch die Unterwelt bezeichnete. Gold aus dem Jenseits also? Der Bezug des göttlichen Metalls zum Totenreich wird in der Kulturgeschichte des Goldes keine geringe Rolle spielen. Hauptumschlagplatz für Gold war Ägypten. Babylonier und Assyrer hatten kostbare Textilien anzubieten, Pferde, den aus den afghanischen Gebirgen stammenden Lapislazuli, nach dem die Ägypter begierig waren.

Natürlich interessiert mich das berühmte, erst Mitte des 19. Jahrhunderts wiederentdeckte Epos von Gilgamesch, dem sumerischen König von Uruk. Es ist das älteste literarische Zeugnis der Welt: die in die altbabylonische Zeit (1800 bis 1595 v. Chr.) zurückreichende, auf elf Tontafeln in Keilschrift festgehaltene, von vielen Wechselfällen geprägte Geschichte einer Suche nach der Unsterblichkeit, die Gilgamesch, nach dem schmerzlichen Tod seines Gefährten Enkidu, erlangen möchte. Die achte Tafel, die allerdings nicht vollständig überliefert ist in diesem mesopotamischen Puzzle-Spiel der Tonscherben: Der um Enkidu trauernde Gilgamesch ruft laut nach Steinschneider, Kupfer- und Goldschmied, damit sie das »Bild«, die Statue seines Freundes, herstellen können. »Die Gliedmaßen meines Freundes sind aus Silber, die Augenbrauen aus Lapislazuli, deine Brust ist aus Gold, dein Körper ist aus Zedernholz.«

Gilgamesch erbricht das Siegel seines Schatzhauses, entnimmt Schmuck und legt ihn zum aufgebahrten Enkidu. Natürlich und immer wieder: Gold. Schmuckstücke »in dreißig Minen Gold gefasst«, einen Köcher, »ein ganzes Talent Gold der zugehörige Griff«, und viele andere Gaben, die aber nicht nur zur Ausstattung des toten Freundes bestimmt waren, sondern auch ein Mitbringsel für die Götter der Unterwelt darstellten. Es war eine Art glorreiche Bestechung oder Umwerbung jedes einzelnen der dortigen Götter, die das glänzende Metall lieben. Durch die Gaben aus Gold besänftigt, sollten sie das neue Mitglied des Totenreiches freundlich aufnehmen, »an seiner Seite gehen«.

Natürlich schmückten die mesopotamischen Könige auch im Diesseits ihre Tempel, die ein Abbild des Kosmos sein sollten, über und über mit Gold. Davon berichtet der assyrische König Assurbanipal (668 bis 631 v. Chr.): »Das Haus des Gottes Assur, meines Herrn, vollendete ich. Ich verkleidete seine Wände mit Gold und Silber. Den Assur ließ ich in sein Haus ›Großer Berg‹ einziehen und ein ewiges Heiligtum beziehen.« Könige und Götterstatuen trugen eine goldene Tiara. Gold stimmte die Götter freundlich, machte ihre Gesichter leuchten.

Die Babylonier waren berühmt für ihre Wahrsagekunst und deshalb auch bei ausländischen Königen und Fürsten sehr begehrt. Ihr Exportartikel: das Orakel. Der römische Naturforscher Plinius der Ältere (23 bis 79 n. Chr.) weiß zu berichten, dass die Athener dem Berossos, einem babylonischen Marduk-Priester, der im 3. Jahrhundert v. Chr. auf der griechischen Insel Kos eine Sterndeuterschule aufgebaut hatte, auf Staatskosten ein Denkmal errichteten. Zum Zeichen ihrer dankbaren Erinnerung an die Präzision und Zuverlässigkeit seiner Vorhersagen hatten sie das Standbild mit einer vergoldeten Zunge versehen. Nicht nur Morgenstund' hat Gold im Mund, sondern auch die Propheten und Sterndeuter mit ihrer Wahrsagerzunge.

Inmitten klappernder Tassen und summenden Café-Geplauders schreibt Stefan Maul zum Abschluss mit flinker Hand in Keilschrift das Wort für »Gold« auf ein weißes Karteikärtchen, *ku-si* auf Sumerisch, und auf Akkadisch (Babylonisch/Assyrisch): *hurasu.* Das kleine

Kärtchen habe ich gleichsam als Amulett sorgsam aufbewahrt: Wenn es nicht aus Gold ist, so ist es doch von Bedeutung. Eine Visitenkarte aus Babylonien. Mesopotamisches Keilschriftgold.

Ägypten also war der Hauptbezugsort für das kostbare Metall. Auch die gottgleichen Pharaonen waren schon im Alten Reich des 3. Jahrtausends v. Chr. versessen auf das Metall der Göttlichkeit, das »Fleisch der Götter«, wie sie es nannten. Es sollte im Diesseits wie im Jenseits leuchten, als blitzender unzerstörbarer Beweis höchster Macht, Würde und Gottgleichheit. Der Bezug zur strahlenden Sonne, zum alles nährenden Sonnenlicht, war schon visuell gegeben. Sonnengleicher Glanz war das Attribut der Göttlichkeit. In den Kulttexten sagt der Sonnengott Ra von sich: »Meine Haut ist aus reinem Gold.« Auch die vergoldeten Statuen und Kultgegenstände hatten folglich »Götterhaut«, aus Gold bestand die göttliche Haut-Hülle.

Die Pharaonen hatten erheblichen Goldbedarf, also wollten sie ihr Herrschaftsgebiet auf jene Landstriche ausdehnen, in denen der begehrte Stoff abgebaut werden konnte. Die Hieroglyphe für »Gold« lautete *nub*, doch die Ägypter hatten eine Vielzahl von Zeichen, die Gold nach Färbung, Reinheitsgrad oder geographischer Herkunft differenzierten. Das wichtigste Vorkommen gab es in Nubien, das die Ägypter das Goldland *Kusch* nannten. Heute ist das der nördliche Sudan. In diversen Beutezügen und Expeditionen wurde das kostbare Metall herbeigeschafft, in bestimmten Epochen jedoch, ab der 18. Dynastie, konnte Nubien dem ägyptischen Herrschaftsbereich einverleibt, konnten die Goldminen zu eigener Ausbeutung genutzt werden.

Eine legendäre Gold- und Weihrauch-Expedition – zwei unabdingbare Stoffe für den Götterkult – fiel in das neunte

Regierungsjahr des weiblichen Pharaos Hatschepsut, die von 1479 bis 1458 v. Chr. für ihren noch minderjährigen Stiefsohn Thutmosis III. regierte. Es ist das glorreichste Ereignis ihrer Karriere: die Expedition in das sagenhafte Land *Punt* – vermutet wird ein Landstrich am Horn von Afrika, im heutigen Somalia. In ihrem weitläufigen Totentempel in Deir El-Bahari, ihrem »Haus der Millionen von Jahren« auf dem Westufer des Nils nördlich von Theben, ist die famose »Expedition nach Punt« in einer eigenen Halle auf zweiundzwanzig Pfeilern und in Wandreliefs verewigt. Eine bilderreiche Reportage über einen Goldtransport. Vor Jahren stand ich davor, noch nicht ahnend, dass ich einmal in einer bescheidenen Expedition schreibend ein Goldland erkunden würde. Gleich daneben die Hathor-Kapelle, gewidmet der Göttin Hathor, deren auffälligstes Merkmal die Kuhohren sind. Sie ist die Göttin der Liebe, der Schönheit, der Musik, des Tanzes – gleichsam die weiblichste aller Göttinnen, sowohl göttliche »Mutter« als auch Identifikationsfigur der Pharaonin Hatschepsut.

Hathor wird in Hymnen und Huldigungen als die »Einzige« und die »Goldene« bezeichnet. So wird sie in den Liebesgedichten des Neuen Reiches angerufen, etwa in den *Sprüchen der großen Herzensfreude* des im British Museum in London aufbewahrten Papyrus Chester Beatty I, einer wichtigen Quelle aus der Ramessidenzeit (um 1300 bis 1100 v. Chr.): »Einzig ist die Geliebte, ohnegleichen, / schöner als jede Frau. / Strahlend ist sie, wie der aufgehende Stern, / der dem guten Jahr voranzieht. [...] Sieht man sie hinausgehen, / gleicht sie jener Göttin (Hathor), der Einzigen. / [...] Ich bete die ›*Goldene*‹ an und preise ihre Majestät, / ich rühme die Herrin des Himmels, / [...] Die ›*Goldene*‹ ist voller Freude, / hell wird die Erde durch ihre Schönheit« (deutsch von Erik Hornung).

Ihre Assoziation mit dem göttlichen und gleichsam ewigen Metall gewinnt eine besondere Symbolik. Es ist das Gold der Anmut und der dauerhaften Liebe, das die Göttin Hathor verkörpert und ausstrahlt. Jeder Liebende, jede Liebende tanzt für die goldene »Einzige«, für die graziöse Göttin mit den Kuhohren.

Die Faszination des Goldes prägt die Werke der ältesten bekannten Dichter. Gilgameschs Gold war das erste. Die ägyptischen Hathor-Gesänge und Liebesgedichte der 18. Dynastie um 1300 v. Chr. strahlten vom Gold der »Einzigen«. Homer im 8. Jahrhundert v. Chr. streut schon im ersten Gesang der *Ilias* ein Gold-Aroma, wenn er das griechische Wort für Gold, *chrysos*, in den Eigennamen aufblitzen lässt: im Apollon-Priester Chryses (»Goldmann«) mit seinem »goldenen Stab«, in dessen Tochter Chryseis (»Goldmädchen«) und in Chrysa, der »goldenen« Stadt an der Küste, nicht weit von Troja. Doch alles Gold läuft auf die eine Göttin zu: die »goldene Aphrodite« und ihre »Gaben« im 3. Gesang der *Ilias* (Vers 64), die erotischen Reiz oder geradezu sexuelle Anziehungskraft verkörpernde Liebesgöttin.

Sie versprach bei einem Schönheitswettbewerb Paris, dem Sohn des Trojanerkönigs Priamos, die schönste Frau der Welt, wenn er ihr den goldenen Apfel mit der Aufschrift »Der Schönsten« zugestehen würde. Die schönste Sterbliche aber, Helena, war mit Menelaos, dem König von Sparta, verheiratet, Paris muss sie entführen – und Aphrodite hatte im Vorbeigehen mit ihren Machenschaften den verheerenden Trojanischen Krieg ausgelöst. Nur vordergründig geht es um Krieg, im Untergrund wütet die erotische Leidenschaft. Und die »goldene Aphrodite«

zieht die Fäden. Sie begünstigt selbstherrlich den Ehebruch und den kriegerischen Konflikt. In den nur wenig später, im 6. Jahrhundert v. Chr. entstandenen *Homerischen Götterhymnen* ist Aphrodite, »die das Lächeln liebt«, immerzu von Goldattributen gekennzeichnet, trägt einen goldenen Kranz, Ohrschmuck aus Gold, Armreifen, Halsketten aus selbstverständlich demselben, erotisch aufgeladenen Material.

Von der Dichterin Sappho (um 630 bis 570 v. Chr.), die auf der Insel Lesbos lebte, ist nur ein zarter Scherbenhaufen von Fragmenten erhalten geblieben, selten genug ein Gedicht, dort ein paar Verse, hier ein paar Wörter, auf eine Tonscherbe eingekritzt, auf einem fragilen Papyrusstreifen fixiert. Sappho spiegelt sich gerne in der Liebesgöttin und ihrem unbezwingbaren erotischen Reiz. Aphrodite, die das »goldene Haus des Vaters verlassen« hat, ist »goldbekränzt«, schenkt aus »goldglänzenden Schalen« zum Trinken und Feiern großzügig Nektar aus. Die Göttin der Morgenröte, Eos, trägt »goldene Sandalen«, ist sozusagen golden beschuht. Das Fragment stammt vielleicht aus Sapphos Hochzeitsliedern. Und dann ein anderes, das einen sogenannten »Supra-Superlativ« vorführt: »... Selbst noch den Harfenklang süß überklingend, / goldener noch als Gold ...« Gold ist also das erotische Edelmetall, das die Macht in sich hat, noch sich selbst zu übertreffen.

Der Dichter Pindar (520 bis 446 v. Chr.), der in »gottgegebenen Gesängen« Preislieder auf die Sieger in sportlichen Wettkämpfen schuf – Olympische, Pythische, Nemeische, Isthmische Oden, je nach dem Austragungsort der Spiele –, geht besonders freigebig mit dem Beiwort »golden« um, um das ewig glänzende Metall der Göttlichkeit auch in seinen Lobes-Oden aufleuchten zu lassen, um auch ihnen Glanz zu verleihen. Bei Pindar meint »golden« immer auch »auf das Göttliche verweisend«, das Edelmetall schlägt eine Brücke zwischen der Sphäre der Götter und jener der Sterblichen.

Was ist nicht alles »golden« bei ihm, unmöglich, alles aufzuzählen: goldene Olive, goldene Stuten, goldene Wagen, goldgekrönte Musen, goldgelockter Apoll, goldene Siegesgöttin Nike, goldene Spindel, und – besonders verblüffend, in der 7. Isthmischen Ode – »goldener Schnee«: »Als du um Mitternacht in goldenem Schnee empfingst den höchsten der Götter«. Angesprochen werden das »selige Theben« und die Episode, als Zeus die Frau des Amphitryon besuchte, Alkmene, um mit ihr Herakles zu zeugen. Der »goldene Schnee« bedeutet also Zeus' göttlichen Samen.

In der ersten Olympischen Ode, für Hieron den Syrakuser, den Sieger beim Wettkampf mit dem Rennpferd, liefert Pindar gleich auch noch einen Werbespot für die Olympischen Spiele: »Am köstlichsten ist Wasser, und Gold sticht hervor / wie brennendes Feuer bei Nacht aus dem Reichtum, der Männer beflügelt; / wenn du aber Wettkämpfe besingen willst, mein Herz, / spähe nicht neben der Sonne nach einem anderen Gestirn, das wärmer leuchten / würde bei Tag durch den einsamen Äther – / einen herrlicheren Wettstreit als den von Olympia gibt es nicht zu preisen!«

Und was ist mit der olympischen Goldmedaille? Fehlanzeige, die war eine Erfindung des 19. Jahrhunderts, sie besteht im Übrigen zu 92,5 Prozent aus Silber, hat einzig einen goldenen Überzug, der nur sechs Gramm Gold enthält. Aber die »goldene Aura« hat sie dennoch, auch wenn sie nur wenig von dem Stoff enthält. Pindars Olympiasieger erhielten als Preis einen Kranz aus Olivenzweigen um das Siegerhaupt und Amphoren voll kostbaren Olivenöls aus Athenas heiligen Hainen.

Gold war lange vor seiner »Vermünzung« zumeist tragbares Gold, das ein König oder Pharao auf oder an seinem Körper trug in Kronen, Armreifen, Halsketten, Fingerringen usw. Es hatte eine ursprüngliche Talisman-Funktion, sollte den Körper vor bösen Kräften schützen, und eine schmückende Funktion, die dem Träger Bedeutung und Würde, aber auch Schönheit und Anmut verleihen sollte. Ohne Gold keine gelassene Fahrt durch das Jenseits. Vielleicht sogar: kein Jenseits überhaupt.

Goldenes Widderfell & das Gold der Toten

Der wahre Nutzen des Edelmetalls musste erst gefunden werden. Der römische Dichter und Philosoph Lukrez (98 bis 55 v. Chr.) postuliert in seinem gewaltigen Lehrgedicht *Von der Natur der Dinge* den Aufbau der Welt aus Atomen und spricht im fünften Buch unter anderem von der Entstehung der Metalle und deren wechselnder Wertschatzung. »Und nicht seltener als aus kräftiger Bronze, diesem harten und zähen Material, versuchten sie zunächst, solche Werkzeuge auch aus Gold und Silber zu fertigen. Ohne Erfolg jedoch. Denn jene versagten den Dienst und verbogen sich, hielten harter Arbeit nicht stand. Damals geriet Bronze hoch in Kurs, vom Gold hielt man weniger, nutzlos wie es war mit stumpf verbogener Schneide. Heute dagegen schätzt man Bronze geringer, Gold kam zu höchsten Ehren. So, in ihrem Lauf, wandelt die Zeit, was die Dinge bedeuten« (deutsch von Klaus Binder).

Die Weichheit des Goldes machte dieses Metall hervorragend geeignet für Götterstatuen, Kultgegenstände, königlichen Schmuck – aber nicht für Waffen und nicht für nützliches Gerät. Dafür waren Bronze und Eisen viel geeigneter. Gold ist dafür zu nachgiebig, die Klinge verbiegt sich, wird stumpf. Glänzend und Ewigkeit versprechend, doch für praktisches Gerät völlig ungeeignet. Ein leuchtendes Paradox: Das Wertvollste ist nutzlos, zumindest in einem praktischen Sinne. Nietzsche nennt es in *Also sprach Zarathustra* (1883-1885) »ungemein«, also selten, und »unnützlich«: »Sagt mir doch: wie kam Gold zum höchsten Werte? Darum, dass es ungemein ist und unnützlich und leuchtend und mild im Glanze; es schenkt sich immer. Nur als Abbild der höchsten Tugend kam Gold zum höchsten Werte. Goldgleich leuchtet der Blick dem Schenkenden. Goldes-Glanz schließt Friede zwischen Mond und Sonne.«

Wenn das Wertvollste selten und nutzlos ist, ist Gold immerhin berufen, das Gold der Träume, der Wünsche, der Sehnsüchte zu sein. Laut der griechischen Sage hatte Jason auf dem Schiff *Argo* mit seinen fünfzig Gefährten das Goldene Vlies – das Fell des mythischen Widders Chrysomallos, der fliegen und sprechen konnte – in Kolchis aufzuspüren und zu rauben. Gewaltige Anstrengungen und Hindernisse, eine gefährliche Expedition, um ein golden glänzendes Widderfell zu gewinnen. Schon Homer bezog sich auf die Argonautensage, sie war also älter als die *Ilias* und die *Odyssee* (8. Jh. v. Chr.). Fünf Jahrhunderte später schilderte Apollonios von Rhodos (295 bis 215 v. Chr.) im Versepos *Die Fahrt der Argonauten* das packende Geschehen, eine Art antikes Roadmovie, aber meist zur See.

Es war natürlich eine »unmögliche Mission«, die König Pelias seinem Neffen Jason auferlegte, weil ihm laut einem Orakelspruch von einem »Einschuhigen« Gefahr drohen sollte (Jason verlor einen Schuh, als er der Göttermutter Hera half, einen Bach zu überqueren). Zwar erlangt Jason dank der Zauberkünste Medeas das goldene Fell, muss aber für seine Untreue bitter büßen: Die verlassene Medea tötet die gemeinsamen Kinder, Jason kommt in Korinth zwar noch knapp auf den Königsthron, doch nimmt er sich in seiner Verzweiflung bald das Leben.

Das Goldene Vlies brachte ihm letztlich kein Glück. So viel erreicht, um so viel zu verlieren. Aber in der Erinnerung daran, wie er das von einem Schlangen-Ungeheuer bewachte goldene Widderfell endlich erreichte (Medea schafft es, das Untier einzuschläfern), strahlt es prächtig: »So hob damals Jason das Vlies mit seinen Händen froh empor. Und auf seinen blond umflaumten Wangen und der Stirn verursachte das Flimmern der Wolle eine flammengleiche Röte [...]. Überall golden [...] und überaus stark funkelte die Erde ständig vor ihm unter seinen Füßen [...] Die jungen Männer aber staunten, als sie das Vlies sahen, wie es leuchtete, gleich dem Blitz des Zeus. Und jeder erhob sich im Verlangen, es zu berühren und in seine Hände zu nehmen.«

Kolchis an der östlichen Schwarzmeerküste galt schon in der Antike als Goldland, das »goldreiche Kolchis« war eine feste Wendung. Heute liegt dieser Landstrich in Georgien. Auch das älteste Goldbergwerk der Menschheitsgeschichte liegt in Georgien und ist über fünftausend Jahre alt: Sakdrissi am Kachagiani-Hügel bei Kazreti in Südostgeorgien. Es wurde 2004 bis 2013 von einem deutsch-georgischen Team erforscht, dann fiel das bedeutende historische Monument dem industriellen Goldabbau zum Opfer, der Hügel wurde abgetragen. Am Fundplatz wurden über zehntausend Steinhämmer entdeckt, die Überbleibsel des archaischen Goldabbaus, der dort Jahrhunderte lang, von 3400 bis 2600 v. Chr., in der nach zwei Kaukasus-Flüssen benannten frühbronzezeitlichen Kura-Araxes-Kultur, betrieben wurde.

Die kaukasische Bevölkerung brachte also schon sehr früh erfahrene Bergleute hervor. Berggold hatte den Vorteil, dass eine Lagerstätte über längere Zeit Gold liefern konnte, systematisch betriebenen, zielgerichteten Abbau erlaubte und die Menschen nicht wie beim Flussgold vom Zufallsglück abhingen. Auch heute noch wird in Georgien, z.B. am Fluss Enguri in Swanetien, wie auch in anderen Flüssen des Kaukasus, von der heimischen Bevölkerung mit einfachen Mitteln Gold gewaschen – manchmal sogar noch wie in der Antike mit Schaffellen, in denen sich die winzigen Goldklümpchen verfangen, oder in simplen Kochpfannen. Die Erinnerung an Jasons Suche nach dem Goldenen Vlies in Kolchis ist noch immer lebendig. Das mythische, golden leuchtende Widderfell der Argonautensage hat seinen Ursprung in dieser uralten Goldwäscher-Technik.

»Ahnengold« wurde als Grabbeigabe dem toten Würdenträger für seine letzte Reise verehrt. Das berühmteste Objekt georgischer Goldschmiedekunst ist die 1973 in einem Hügelgrab entdeckte, auf die Zeit um 2400 v. Chr. datierte kleine Löwenfigur aus Tsnori in Kachetien (Ostgeorgien, an den Südhängen des Großen Kaukasus), nur 2,8 Zentimeter hoch und mit dem Schwanz 5,2 Zentimeter lang. Der Löwe symbolisiert seit Urzeiten den Herrscher. Kopf und Vorderbeine sind mit Goldkügelchen verziert, die wilde Mähne des Raubtiers ist ornamental stilisiert. Der Löwe von Tsnori ist in Georgien so bekannt, dass er auf einer Münze (5 Tetri) und einem Geldschein (5 Lari) abgebildet ist. Auch auf einer Briefmarke war er schon zu sehen. Kein Wunder, die Georgier sind stolz darauf: Es ist die älteste goldene Löwenfigur der Welt. Sehr klein, doch von nationaler Bedeutung. Und ich freue mich, dass ich ihn mit eigenen Augen gesehen habe, als er 2018 erstmals das Land verlassen durfte für die Ausstellung *Gold & Wein. Georgiens älteste Schätze* im Archäologischen Museum Frankfurt. Dass gleichzeitig die Ausstellung *Medeas Liebe und die Jagd nach dem Goldenen Vlies* in der Liebieghaus-Skulpturensammlung zu sehen war, war ein Geschenk beim Schreiben dieses Buches. Jason und seine Argonauten, die Zauberin Medea und das Goldene Vlies auf Tournee in Frankfurt am Main: Es war wie ein gutes Vorzeichen.

Bestimmte Goldobjekte der Antike haben eine geradezu ikonische Bedeutung bekommen, etwa das Meisterstück der minoischen Goldschmiedekunst, das um 1700 v. Chr. entstandene, in der Nekropole von Kryssolakkos gefundene und im Museum von Heraklion auf Kreta aufbewahrte Amulett von Mallia: zwei goldene Bienen, symmetrisch angeordnet, die einen Tropfen Honig in eine Wabe füllen. Als ich die Kulturgeschichte der Biene – *Das Lied vom Honig* (2012) – schrieb, erinnerte ich mich daran, wie ich vor Jahren staunend davorstand: Gold und Bienen, eine leuchtende Verbindung, zum Halsschmuck vereint.

Oder die »Goldmaske des Agamemnon«, die Heinrich Schliemann, der deutsche Geschäftsmann, Archäologe und Schatzgräber aus Passion, im November 1876 in Mykene auf dem Peloponnes in einem prachtvollen Schachtgrab ausgrub – neben anderen wertvollen Grabbeigaben und Goldschätzen von dreizehn Kilo Gewicht.

Am 28. November telegrafierte er an den griechischen König, das Grab des mykenischen Fürsten Agamemnon sei endlich gefunden. Homers *Ilias* in der einen Hand, die Spitzhacke in der anderen Hand: Der spätberufene Archäologe war beseelt von der Idee, den Wirklichkeitsgehalt von Homers Werken zu beweisen. Agamemnon, der Anführer der Griechen im Trojanischen Krieg, war scheinbar aus seiner Porträtzüge aufweisenden Totenmaske auferstanden. Heute ist erwiesen, dass die Goldmaske, die dem Toten Lichtgestalt verleihen sollte, aus dem 16. Jahrhundert v. Chr. stammt, drei Jahrhunderte vor der Zeit, in der die Sagen um Troja handeln (um 1200 v. Chr.). Schliemanns schöner Irrtum hat immerhin einen der bedeutendsten Goldartefakte der Antike ans Tageslicht gehoben.

Der Berliner Goldhut ist ebenso ein ikonisches Goldobjekt: ein sogenannter Zeremonialhut, einem Zuckerhut ähnlich, nur unvergänglicher, in Süddeutschland gefunden, auf 1000 v. Chr. datiert. Wahrscheinlich wurde er einem Priester oder Magier und Sterndeuter ins Jenseits mitgegeben, damit er auch drüben die Autorität des Hutträgers anzeige. Die Himmelsscheibe von Nebra aus dem 16. Jahrhundert v. Chr.? Sie besteht zwar aus Bronze, aber die Gestirne darauf sind als Goldapplikationen wiedergegeben. Einzig Gold war geeignet, Sonne, Mond und Sterne zu bedeuten.

Gold wurde von den Ägyptern schon im Alten Reich (2700 bis 2200 v. Chr.) als Metall der Göttlichkeit aufgefasst, weil es unzerstörbar und unvergänglich war, Symbol der Ewigkeit, der »Millionen von Jahren«, in denen die Pharaonen zu leben gedachten. Es war der ideale Stoff einer Überwindung des Todes, um die sich die ganze ägyptische Religion dreht. Das an die Sonne erinnernde Unvergänglichste. Ohne die alles überstrahlende Göttlichkeit der Sonne kein Licht und kein Leben auf der Erde und im Jenseits. Die Grabstätte des Pharao im Neuen Reich (1550 bis 1070 v. Chr.) hieß »Goldener Raum«, Raum des ewigen Lebens. Gold war beinah ein Synonym für »Ewigkeit«. Noch heute wird, um den reinen Goldgehalt eines Schmuckstücks oder eines Barrens zu beglaubigen, mit einer Punze ein Kreis als Sonnenzeichen eingeprägt. Eine Erinnerung an die altägyptische Sonnenfixierung alles Seienden.

Weltbekannt sind die Gegenstände aus dem 1922 von Howard Carter entdeckten Grab des mit neunzehn Jahren verstorbenen Pharaos Tutanchamun (Regierungszeit 1332 bis 1323 v. Chr.), eines historisch gesehen unbedeutenden Herrschers, der aber dank seiner intakt gebliebenen Grabstätte zur Ikone der ägyptischen Kultur wurde. Die Mumie lag in einem Sarg aus massivem Gold, 110,4 Kilo schwer, umgeben von zwei weiteren vergoldeten Holzsärgen; alle drei Särge ruhten zudem in einem Quarzit-Sarkophag mit Granitdeckel. Eine Raumkapsel aus Gold und Granit für die Reise durch das Jenseits. Als Howard Carter am 24. November 1922 durch einen Spalt in die Grabkammer blickte, soll er gestammelt haben: »Ich sehe wundervolle Dinge.« Tutanchamuns elf Kilo schwere Goldmaske aus dem Ägyptischen Museum in Kairo mit ihrem Ausdruck von makelloser Schönheit und Majestät war und ist Sinnbild für die ägyptische Kultur – und ein idealer, Devisen bringender Exportartikel auf Zeit.

Eine aus der oberägyptischen Stadt Nechen stammende Kleinskulptur des falkenköpfigen Gottes Horus aus der 6. Dynastie (2347 bis 2216 v. Chr.) gilt als das älteste erhaltene Werk ägyptischer Goldschmiedekunst.

Der älteste Goldschmuck der Welt kommt jedoch nicht aus Ägypten, sondern aus Osteuropa, er ist noch zweitausend Jahre älter als das Alte Reich, wird auf 4600 v. Chr. datiert und stammt aus einem 1972 entdeckten neolithischen Gräberfeld im bulgarischen Warna am Schwarzen Meer, wo über dreitausend goldene Schmuckstücke aus der Erde gehoben wurden. Die Kulturgeschichte des Goldes umfasst also sieben Jahrtausende. Auch wenn die Pharaonen im »Haus der Millionen von Jahren«, also in der Ewigkeit, weiterleben wollten, ist auch die Sieben mit den drei Nullen schon eine respektable Zeitspanne.

Unverkennbar war Gold ein zentrales Element des Totenkultes. Als prächtige, unvergängliche Grabbeigabe begleitete es sumerische und babylonische Herrscher wie ägyptische Pharaonen ins Jenseits, Gilgameschs Gefährten Enkidu ebenso wie den jung verstorbenen Pharao Tutanchamun. Als Kranz aus stilisierten goldenen Olivenbaumblättern schmückte es in der Antike zahllose vornehme Häupter in den Gräbern des Mittelmeerraums. Auch das Gold der Skythenfürsten, der kriegerischen Reiternomaden, die sich in den Jahrhunderten vor unserer Zeitrechnung von der Mongolei bis ans Schwarze Meer mit goldenen Grabbeigaben bestatten ließen, beflügelte die Phantasie der Menschen.

Bei einem russischen Dichter der Moderne blitzt es noch in einer Vision des 20. Jahrhunderts auf: bei Wladislaw Chodassewitsch, geboren 1886 in Moskau, gestorben 1939 in Paris, in dessen Gedicht *Gold* vom 7. Januar 1917 (vgl. S. 213). Es entstand zu Beginn eines Jahres, das in Russland gewaltige historische Umwälzungen sah, und beschwört in Verkennung alles Zeitgemäßen archaische Bestattungsriten und Grabbeigaben: »Gold in den Mund, den Honig und den Mohn / In deine Hände – letzter Erdenmühe Lohn.«

Ein Dichter träumt die Möglichkeiten des Weiterlebens: in der bescheidensten irdischen Form – als Gras, oder im Kosmos – als Stern. Er glaubt an die Unsterblichkeit der Seele, die mit dem Edelmetall Gold assoziiert wird. Allein die Seele, das Goldstück im vergänglichen menschlichen Körper, soll als »kleine Sonne« überdauern, alles andere ist vergänglich: »Verwesen wird im Grab Honig und Mohn, / Die Münze fällt im toten Mund hinunter schon … / Doch nach so vielen dunklen Jahren legt / Ein Unbekannter seine Hand an mein Skelett, / Im schwarzen Schädel, den der Spaten bricht, / Klingt auf die schwere Münze und das Licht / Glänzt zwischen Knochen hell vom Gold / Als kleine Sonne – Spur, die meiner Seele folgt.«

Wer wird hier bestattet? Ein Nachkomme der Skythen? Es war für einen Russen leicht, Skythengold zu besichtigen. Zar Peter der Große besaß eine »Sibirische Sammlung«, Zar Nikolaj I. machte 1852 die Schätze in der Neuen Eremitage in Sankt Petersburg öffentlich zugänglich. Doch was bedeuten die symbolischen Grabbeigaben, mit denen dieser Mensch bestattet werden will? Honig, Mohn, Gold. Sonst nichts: keine Keramik, kein Schmuck, keine Waffen, weder Bronze noch Eisen. Süße Nahrung für das Jenseits, wie in vielen Kulturen – kein Pharao trat seine »Nachtfahrt« ohne Honigtöpfe, Honigkuchen an. Dazu Schlafmohn, die Pflanze, die Rausch, Schmerzlosigkeit und Vergessen versprach.

Und schließlich das Metall der Ewigkeit, jeder Verwitterung trotzend, unversehrbar durch die zerstörerische Macht des Sauerstoffs. Kein anderes Metall könnte die Unsterblichkeit der Seele besser symbolisieren als Gold. Der Tote trägt gleichsam eine Variante der Charonsmünze im Mund. Aber wenn der Obolus bei den Griechen dem Verstorbenen vor der Bestattung unter die Zunge gelegt wurde als Fährgeld für Charon, damit er den Toten über die Unterweltflüsse in den Hades bringen sollte, so ist es in diesem modernen russischen Gedicht ein Eintrittsgeld in die Unsterblichkeit, ein Pass für das Weiterleben der Seele.

Im Jahr der geschichtlichen Umwälzungen 1917 beschwört ein russischer Lyriker den ewigen Zyklus von Leben, Tod und Wiedergeburt. Er träumt von dem, was bleiben soll, von der Seele und deren Unsterblichkeit. Vor dem Hintergrund von Weltkrieg und Revolutionen strahlt das Gedicht goldgleich eine starke Zuversicht aus: dass im historischen Chaos nicht alles verlorengeht.

Törichter Krösus, ein fatales Geschenk

Solange es gleichsam über der irdischen Welt in einer Sphäre von Göttlichkeit und königlicher Aura oder pharaonischer Macht sich aufhielt, gab es keine moralische Ächtung des Edelmetalls, keine Verdammung oder Verteufelung. Dazu brauchte es eine radikal neue Etappe. Erst mit der bloßen Materialität des Goldes kommt die Moral ins Spiel.

Von der sonnengleichen Götterhaut führt der Weg durch die Geschichte zum kleinen, glänzenden Ding, das durch die Hände geht, vom Sakralen zum Profanen. Nach dem Götterschmuck und der magischen, talismanischen Funktion des auf dem königlichen Körper getragenen

Goldes gab es einen entscheidenden Moment in der Geschichte der Menschheit, in dem Gold als Zahlungsmittel im Handelsverkehr ins Spiel kam. Es ist die Geschichte der »Vermünzung« von Gold, die durch einen König vollzogen wurde, der schon in der Antike als Inbegriff von Macht und Reichtum galt.

Nordöstlich von Ephesus (in der heutigen Türkei), in der Stadt Sardes am goldreichen Paktolos-Fluss, herrschte der sagenhaft reiche Krösus (590 bis 541 v. Chr.), der letzte König von Lydien. Der Geschichtsschreiber Herodot von Halikarnassos stellte im 5. Jahrhundert v. Chr. ein für allemal fest: »Die Lyder sind die ersten Menschen, von denen wir wissen, dass sie Münzen aus Gold und Silber geprägt und verwendet haben.« Krösus' Goldmünzen mit seinem Siegel, auf dem ein Stier und ein Löwe abgebildet waren, galten in der ganzen bekannten Welt als greifbares Beweisstück eines immensen Reichtums – und einer zukunftsträchtigen Innovation.

Herodot ist kein Historiker im heutigen Sinne, aber ein bedeutender Geschichtenerzähler, der in jeder Anekdote den Kern der Weisheit aufspürt. So berichtet er von einem Treffen Solons, des Staatsmannes und »weisen Gesetzgebers« von Athen (640 bis 560 v. Chr.), mit dem Superreichen in der Stadt Sardes. Die Geschichte enthält eine bedenkenswerte Lektion zur Beziehung von Gold und Glück. Krösus öffnet dem Gast aus Athen seine Schatzkammern, sonnt sich stolz im Glanz des aufgehäuften Goldes. Und er fragt Solon, wer seiner Meinung nach der glücklichste Mensch auf Erden sei. Natürlich glaubt er die Antwort zu kennen. Doch Solon antwortet: »Tellos aus Athen! Er hat zwei Söhne, Enkelkinder wurden geboren, alle sind am Leben. Dann starb er für Athen den Heldentod.« Krösus ist natürlich enttäuscht über die Antwort.

Er fragt: »Aber wer ist der Zweitglücklichste?« Wieder nennt Solon einen einfachen Bürger aus Athen. Dann erklärt der weise Solon, dass das Menschenleben ein Spiel des Zufalls sei. Krösus sei gewiss sehr reich und ein Herrscher über viele Menschen. Aber man wisse immer erst später, vom Ende her, ob ein Leben glücklich war. »Denn der Reiche ist nicht glücklicher als einer, der gerade nur für einen Tag genug zum Leben hat, wenn er seinen ganzen Reichtum nicht bis an sein glückliches Lebensende genießen darf.«

Solons Worte bewahrheiten sich, erst das Ende entscheidet über ein glückliches Leben. Krösus, der sich für den glücklichsten aller Menschen hielt, wird zuerst seinen Sohn bei einem Jagdunfall verlieren und dann sein ganzes Königreich, als er unbedacht Krieg gegen die Perser führt. Gutgläubig war er einem Orakelspruch gefolgt, der besagte, er werde ein großes Reich zerstören, wenn er diesen Krieg führe. Tatsächlich zerstörte er dadurch ein Reich: sein eigenes. Der weise Solon hatte recht behalten. Gegenwärtiges Gold und künftiges Glück passen nicht immer zusammen. Reichtum aus dem Fluss, aber auch im Fluss, denn irgendwann war das unerschöpflich scheinende Gold aus dem Paktolos-Fluss ausgewaschen und verschwand.

Doch Krösus hatte einen folgenreichen Schritt in der Geschichte der Menschheit und des Goldes getan: Die »Vermünzung« hatte eine vielversprechende Zukunft. Die Reiche wechselten, Kaiser und Könige lösten sich ab, aber die Goldmünze überdauerte die Jahrhunderte und Dynastien. Der *Aureus* war die Standardgoldmünze des Römischen Reiches, bis im Jahr 310 n. Chr. der in der Residenzstadt Trier geprägte *Solidus* des Kaisers Konstantin I. ihn ablöste und bis ins 12. Jahrhundert die europäische Leitwährung blieb. In den arabischen Reichen war es der Dinar. Florenz prägte von 1252 bis 1533 den *Fiorino d'Oro,* den Florentiner Gulden, Venedig ab 1284 und bis 1797 den Golddukaten, mithin die auf Jahrhunderte hinaus stabilste Währung der Welt. Die Handelsmächte des Mittelalters waren stolz auf ihre Goldmünzen mit Stadtbezug und deren weithin strahlende internationale Akzeptanz. Krösus war also vielleicht ein törichter, sich selbst überschätzender Herrscher, aber er hatte eine zukunftsträchtige Idee. Wäre da nicht die mit dem Gold ebenso wuchernde Gier …

Jede Goldgeschichte ist nicht zuletzt eine Geschichte der menschlichen Gier. Gold inspiriert und beflügelt den Menschen und seine Phantasie, seine Träume, doch das Gegenteil ist ebenso wahr: Es erniedrigt ihn, macht ihn zum Sklaven, unfrei unter der Geißel der Gier. Um das Gold sind Geschichten von Erhebung und Verblödung gewoben. Es fehlte nie an kritischen Einsichten in die Gefährlichkeit des begehrten Metalls.

Kein anderer Mythos bezeugt die fundamentale Zwiespältigkeit des göttlichen Metalls deutlicher als die in Ovids *Metamorphosen* berichtete Geschichte von König Midas. Als er bei Dionysos, dem Gott des Weinbaus und der Ekstase, einen Wunsch freihat, wünscht er sich unbedacht, dass alles, was er je berühre, zu Gold werden sollte. Es kommt ihn teuer zu stehen. Aus Versehen verwandelt er auch seine Tochter in eine goldene Statue. Schließlich muss er fast verhungern und verdursten, weil er goldenes Brot nicht essen kann, goldenes Wasser seinen Durst nicht stillt. Ovid schildert drastisch das zerstörerische Geschenk: »Starr vor Schreck von dem neuen Verderb, so dürftig im Reichtum, / Möcht' er den Schätzen entfliehn und hasst, was jüngst er begehrte. / Mitten in Fülle bleibt sein Hunger; es brennt in der Kehle / Trockener Durst, und das leidige Gold ist verdiente Plage.«

König Midas' ungezügelte Goldgier ist lebensbedrohlich: Wenn alles zu Gold wird, geht der Mensch zugrunde. Gold ist nutzlos, »glänzendes Elend«, wenn man sich nicht mehr ernähren kann. Der durch seinen törichten Wunsch in Not geratene Midas geht noch einmal zu Dionysos, klagt über seine katastrophale Lage und bekommt den Rat, im Fluss Paktolos zu baden, um seine Goldgabe abzuwaschen. So dringend wollte noch keiner sein Gold wieder loswerden.

Der Akt der Reinigung von dem fatalen Geschenk uneingeschränkter Goldvermehrung, das heilsame Bad des Midas, gilt als mythische Erklärung dafür, dass der Paktolos in der heutigen Westtürkei der goldreichste Fluss Kleinasiens war. Zur Erinnerung: Das Machtzentrum des superreichen (und ebenso törichten) Königs Krösus, die Stadt Sardes, lag am selben Paktolos-Fluss. Dionysos' Gabe ist pures Verhängnis, doch letztlich wusch Midas sich frei vom vergifteten Geschenk, der Fluss entlastete ihn von der schweren Bürde der Goldproduktion durch simple Berührung. Der Midas-Mythos ist eine strenge Mahnung, auch wenn die Geschichte ein halbwegs glückliches Ende kennt.

Tiefes Misstrauen gegen das gefährlich glänzende Metall findet sich auch in den Werken der römischen Dichter der Epoche von Kaiser Augustus. Sie scheinen sich verblüffend einig zu sein in ihrem Generalverdacht, mit dem sie dem betörenden Gold begegnen. Und es sind gerade die bedeutendsten Dichter der Zeit – zufällig oder nicht? Hier ist der Fünfer-Bund der Goldverächter.

Nummer Eins: »Oft verbergen sich hinter dem Gold viele Übel«, schreibt der Dichter Tibull (um 55 bis

18 v. Chr.) warnend in seinen Elegien. Schmuck oder Schmutz? Gold und Schönheit scheinen sich bei ihm nicht zu vertragen, wenn er einem jungen Mann und Geliebten anrät: »Beschmutze deinen schönen Körper nicht mit Gold« (Buch I, 9,17). Die Göttin der Liebe räche sich, meint er, wenn ein Liebender dem Köder der Goldgeschenke erliege: »Wenn einer, vom Reichtum gefangen, seine Liebe verletzt hat, zeigt sich Venus schroff und unerbittlich.« Das ist wohl das erste Mal, dass Gold mit physischem Schmutz assoziiert wird. Wie fern ist hier die goldene Götterhaut der Ägypter …

Nummer Zwei. Jede Scham geht verloren! Tibulls Dichterkollege Properz (um 48 bis 15 v. Chr.) legt den Akzent zeitkritisch auf die Käuflichkeit von Recht und Gesetz, auf den Verlust des Schamgefühls und die Korrumpierbarkeit der Menschen durch Gold: »Schon ist die Frömmigkeit besiegt, alle verehren das Gold. / Treue ist vom Gold vertrieben worden, das Recht käuflich durch Gold, / nach dem Gold richtet sich das Gesetz, Scham kennt kein Gesetz mehr« (Buch III, 13, 48-50).

Nummer Drei ist derselbe Ovid (43 v. Chr. bis 17 n. Chr.), der in seinen *Metamorphosen* den Mythos vom verblendeten Midas vermittelte. Er greift die Warnung auf und kritisiert als Mahner in seiner *Liebeskunst* nicht nur die Käuflichkeit der Liebe, sondern jede Korrumpierbarkeit durch Gold. Der Hintergrund: Sein Kollege Vergil glaubte mit der Herrschaft von Kaiser Augustus das Goldene Zeitalter auferstanden zu sehen. Ovid pflichtet ihm scheinbar bei, aber er meint es höhnisch: »Wahrlich golden ist jetzt die Zeit. Dem Gold bringt man höchste / Ehre entgegen, mit Gold erwirbt man Liebe« (Ars amatoria II, 277-278). Wie golden kann eine Zeit sein, wenn alles und jedes käuflich ist?

Nummer Vier ist ausgerechnet Vergil (70 bis 19 v. Chr.), der Staatsdichter unter Kaiser Augustus, der im dritten Gesang seiner *Aeneis*, des Gründungsmythos der Stadt Rom und mithin des römischen Weltreichs, voller Zorn gegen die Goldgier ausruft: »Wozu treibst du nicht die Herzen der sterblichen Menschen, du verfluchter Hunger nach Gold!« (Aeneis III, 56-57). Vergil berichtet von den Irrfahrten des Aeneas nach dem Untergang Trojas. Einmal hat Aeneas am Fuß des Idagebirges eine Begegnung mit einem Toten. Er bricht zur Schmückung eines Altars Äste von einem Gestrüpp ab, das schwarz zu bluten anfängt und sich mit menschlicher Stimme an ihn wendet. Der Tote ist Polydoros, der jüngste Sohn des trojanischen Herrschers Priamos. Um ihn vor dem Untergang Trojas in Sicherheit zu bringen, schickte Priamos seinen Sohn zur Erziehung zum thrakischen König Polymestor, und zwar ausgestattet mit einem reichen Goldschatz. Unter schändlicher Missachtung des Gastrechts raubt der Thraker das Gold und tötet den jungen Mann. Polydoros fordert Aeneas dringend auf, das »Gestade der Habsucht« zu verlassen, und schleudert ihm die erwähnten berühmten Verse entgegen. Die Empörung darüber, dass ein junger Mensch sein Leben lassen musste, weil ein gieriger König dessen Gold haben wollte, vibriert in der Verfluchung des »Hungers nach Gold«. Gastrecht und Respekt vor dem Fremden sind wichtiger als Gold!

Nummer Fünf. Vergils Dichterkollege Horaz (65 bis 8 v. Chr.) hat das radikalste Rezept parat, um der Gier vorzubeugen. Das Gold solle am besten gar nicht gefördert werden, sondern im Boden, unter der Erde verbleiben, so könne es keinen Schaden anrichten, die Menschen nicht verderben. In diesem Sinne preist er in seinen Oden (III, 3, 49-52) das »unaufgefundene Gold« (aurum inrepertum), weil das ausgegrabene Gold die Menschen nur zwinge, Missbrauch zu treiben, »alles heilige Gut mit der raffenden Rechten« zu entweihen.

Horaz lebte ein Ideal des zurückgezogenen, bescheidenen Lebens auf einem kleinen Landgut in den Sabinerbergen, das ihm der Gönner Maecenas geschenkt hatte. Das Prinzip des »Lebe im Verborgenen!«, der Abgeschiedenheit und Selbstgenügsamkeit, das er vom griechischen Philosophen Epikur übernommen hatte, widersprach allem Streben nach Glanz und Gold: »Möge mir zuteil werden, was ich jetzt habe, oder auch weniger; möge ich für mich selbst leben können, was noch von meinem Leben übrig ist, wenn die Götter es wollen, dass noch etwas übrig ist; möge ich einen guten Vorrat an Büchern zur Hand haben und an Nahrung ausreichend für das Jahr; möge ich nicht schwanken und wanken in der Erwartung der nächsten ungewissen Stunde!« (Briefe I, 18).

In der Goldgier ahnte er die tiefe Korrumpierbarkeit des Menschen. In einer anderen Ode (III, 16; vgl. S. 166/167) ruft Horaz die schöne Danaë in Erinnerung, die ihr Vater Akrisios in einen Turm mit schwerer Bronzetür sperrt und von wilden Hunden bewachen lässt, um ihre Jungfräulichkeit und mithin Kinderlosigkeit nicht zu gefährden – denn ein Orakel sagte ihm voraus, er werde von seinem Enkel getötet werden. Der verliebte und zeugungslustige Göttervater Zeus jedoch findet einmal mehr einen Weg, dennoch zu ihr zu gelangen: In einen goldenen Regen verwandelt, dringt er durch das Dach und in den Schoß Danaës ein, die Perseus zur Welt bringen wird, den für Akrisios todbringenden Enkel. Die Verführung der Danaë durch einen Goldregen symbolisiert die korrumpierende Macht des Goldes, die alle Hindernisse zu überwinden weiß: »Gold liebt es, mitten durch die Leibwächter / zu gehen und, stärker als ein Blitzstrahl, Steinwände zu brechen.«

Jedenfalls wusste nicht nur der begehrende Zeus um die alles durchdringende Macht des Goldes, auch die Heerführer kannten die Spreng- oder Korruptionskraft des Goldes. Philipp von Makedonien, der Vater Alexanders des Großen, soll sich gerühmt haben, alle Festungen erobern zu können, zu denen ein goldbeladener Esel den Weg finde.

So teilten sich die bedeutendsten römischen Dichter – Tibull, Properz, Ovid, Vergil, Horaz – großzügig die Verdammung des lasterhaften, zersetzenden Goldes. Die Besten der Besten bildeten ein hochgemutes Fünfer-Syndikat der Goldverächter. In ihrem kulturellen Gedächtnis stand klar das Bild des törichten Königs Midas, der alles, was er berührte, zu Gold zu machen wünschte und damit sein Leben und das der anderen aufs Spiel setzte. Der radikalste Kritiker der Gier nach Gold aber war ein Naturforscher.

Gold und Kot!

Seine Neugier war ihm zum Verhängnis geworden. Der im Jahr 23 bei Como geborene römische Gelehrte und Naturforscher Plinius der Ältere kam am 24. August des Jahres 79 beim gewaltigen Vesuvausbruch ums Leben, der Pompeji und Herculaneum verschüttete. Mit dem Schiff hatte er sich dem Katastrophengebiet genähert, um das Naturphänomen der großen schwarzen Wolke über dem Vesuv genauer zu beobachten, und war bei Stabiae am Golf von Neapel wohl von giftigen

Dämpfen oder Ascheregen überrascht worden. Er hinterließ eine imposante *Naturkunde* in 37 Büchern, eine enzyklopädische Summe des Naturwissens der Antike, die unschätzbaren Einfluss auf die spätantiken naturkundlichen Werke von Aelianus und Solinus sowie auf die enzyklopädischen Werke des christlichen Mittelalters hatte, etwa die *Etymologien* des Isidor von Sevilla (560 bis 636). Plinius ist empfänglich auch für Phantastisches, er greift die von Herodot kolportierte Legende von den Goldgräber-Ameisen in Indien auf, die riesig seien (»kleiner als Hunde, aber größer als Füchse«): »Sie wühlen aus dem Sand die in der Tiefe verborgenen Goldkörner.«

Im 33. Buch von Plinius' Werk, das der Metallurgie gewidmet ist, findet sich die Verarbeitung von Gold detailreich dargestellt, aber es gibt auch energische Ausfälle gegen Goldgier, Protzsucht, Luxus-Exzesse. »Es entbrannte mit einer Art von Raserei nicht mehr bloß Habsucht, sondern Heißhunger nach Gold.« Spartacus, der Führer des großen Sklavenaufstandes von 73 v. Chr., habe in seinem Lager Gold und Silber verboten, und er habe gut daran getan, lasst der Naturkenner die luxusverwöhnten oberen Schichten der römischen Gesellschaft wissen: »Eine so viel bessere Gesinnung hatten unsere entlaufenen Sklaven!«

Zu den Exzessen gehörte gewiss, dass Antonius, der späte Ehemann der Kleopatra, »sich zur Verrichtung aller Notdurft goldener Gefäße bedient« habe, eine »Frechheit«, deren sich nicht einmal die bei den Römern als schamlose Hure verunglimpfte ägyptische Königin zu schämen gehabt habe. Notdurft in Goldgefäßen ... Der aufrechte Naturkundler bebt förmlich vor Empörung: »Allein Antonius entwürdigte das Gold durch schändlichen Missbrauch der Natur.«

Noch ein Protzer und Größenwahnsinniger: Kaiser Nero habe das ganze Theater des Pompeius mit Gold überziehen lassen, und zwar nur für den einen Tag, an dem er es Tiridates, dem König Armeniens, habe zeigen wollen. Pure Protzerei, blanke Aufschneiderei. Aber das sei noch gar nichts, wenn man bedenke, wie viel Gold Nero für seine *Domus Aurea,* den riesigen Luxuspalast im Herzen Roms, mit Hunderten vergoldeter Gemächer, aufgewandt habe.

Die Protzer sind gewiss nicht an eine bestimmte Epoche gebunden. Wer 2016 die Bildreportage über das Hundertmillionendollar-Penthouse des angehenden amerikanischen Präsidenten im Trump Tower genießen durfte, kam aus dem Lachen nicht mehr heraus. So viel vergoldeter, maßloser Kitsch, ein Kunterbunt aus bombastischem Goldprunk und narzisstischem Firlefanz, ein Monument von Imponiergehabe und Großmannssucht. Die amerikanischen Gazetten erklärten, das Ganze sei offensichtlich vom Schloss Ludwigs XIV. in Versailles inspiriert. Die griechischen Halbsäulen mit Gold-Kapitellen sind gewiss ein standeswürdiger Wink an Nero, die All-Over-Vergoldung ein Gruß an den Sonnenkönig. Ein amerikanischer neureicher Mix aus Nero und Louis-quatorze.

Der Protzer aus dem Trump Tower war dann tatsächlich nach Washington ins Weiße Haus umgezogen. Im Januar 2018 titelte eine Tageszeitung: *Goldklo statt van Gogh für das Weiße Haus.* Vom New Yorker Guggenheim Museum hatte sich die Washingtoner Präsidentenresidenz ein Gemälde Vincent van Goghs leihen wollen, *Landschaft im Schnee* (1888), um damit das Zentrum einer Weltmacht zu schmücken und gehörig aufzuwerten. Die Chefkuratorin Nancy Spector verweigerte die Leihgabe, jedoch nicht ohne einen Ersatz anzubieten: das *America* betitelte Werk des italienischen Installationskünstlers Maurizio Cattelan, das die Besucher des Museums ab September 2016 für ein ganzes Jahr so begeistert hatte, weil sie es auch – einer nach dem andern, schön der Reihe nach, anstellen bitte! – benutzen durften: ein goldenes Klo! Eine 18-karätige Goldskulptur, voll funktionsfähig, zur Verrichtung der menschlichen Notdurft. Der Gegenstand ist eine goldene Obszönität, vielleicht nicht unpassend zu einem Weißen Haus, das von einem *Dealmaker* und *Realityshow*-Häuptling bespielt wurde, der laut eigener Aussage aus Dreck Geld zu machen verstehe. Oder wollte die widerspenstige Kuratorin den sich wie ein Kaiser von Amerika Aufführenden schlicht auf den Topf setzen? Das Gold-Klo als Symbol einer präsidialen Herrschaft, die auf den trügerischen Glanz von Show-Effekten setzte?

Laut Auskunft des Künstlers zielt *America* auf die Überfluss-Gesellschaft und die exorbitanten Luxusgüter einer kleinen Gruppe von Wohlhabenden. Eine sozialkritische Toilette also. So nah können sich Gold-Kult und Ausscheidungsfunktionen des menschlichen Körpers in Kunst und Geschichte treten. Kleiner Nachtrag: Während einer Ausstellung im britischen *Blenheim Palace,* dem Geburtsort Winston Churchills in der Nähe von Oxford, wurde das auf fünf bis sechs Millionen Dollar geschätzte Gold-Klo von einem dreisten Dieb gestohlen. Laut Auskunft der Polizei entstand am Tatort »erheblicher Sachschaden und eine Überschwemmung«. Der Künstler äußerte der *New York Times* gegenüber: »Wer ist so dumm, eine Toilette zu klauen? Ich hatte für eine Sekunde vergessen, dass sie aus Gold besteht.« So verschwand ein goldenes Klo aus dieser pietätlosen Welt – vielleicht auf Nimmerwiedersehen.

In der Vergangenheit haben Künstler öfter die Provokation durch ungewohnten oder auch schockierenden Umgang mit Gold gesucht. Ob Provokation oder Unfug – je nach Standpunkt. Der 1928 in Nizza geborene, 1962 in Paris verstorbene Maler und Performancekünstler Yves Klein, der Schöpfer von monochromen Bildern vorzüglich in Gold- oder patentiertem Blau-Ton alias *International Klein Blue*, warf knapp vor seinem Tod in mehreren Verschleuderungsaktionen Goldstücke in die Pariser Seine. Das Unternehmen hatte keinen banalen Titel, hieß in hochgestochenem Kunst-Idiom: »Abtretung einer pikturalen immateriellen Sensibilitätszone«. Der Künstler forderte eine Reflexion über Besitz und immaterielle Habe. Es ging angeblich auch darum, »das Gold der Natur zurückzugeben«. Man konnte solches Gold erwerben, bekam eine ausführliche Quittung ausgestellt, die man aber zur endgültigen Inbesitznahme des Goldes verbrennen musste, worauf Yves Klein das edle Metall (oder die Hälfte davon) mit einer schwingenden Armbewegung in die Seine beförderte.

Kurioses Kunstritual oder phänomenale Scharlatanerie? Es gibt auch beim Unfug kalkulierte Übertrumpfungsmanöver. Zum Beispiel, als der 1977 in Peking geborene und in Kanada aufgewachsene Performancekünstler Terence Koh auf der Art Basel seine mit Gold überzogenen Exkremente für eine halbe Million Dollar verkaufte. Vulgär ausgedrückt – Scheiße in Gold. Dafür gab es zumindest einen spirituellen Vorläufer: Der italienische Künstler Piero Manzoni schuf 1961 neunzig Konservendosen, auf denen unmissverständlich stand: *Merda d'Artista* (Künstlerscheiße). Jede Dose wurde zum gerade aktuellen Goldpreis verkauft. Was wirklich in den Dosen steckte, bleibt bis heute ein vielumrauntes Rätsel. Eine zu öffnen, hätte die Zerstörung des Kunstwerks bedeutet. Es ist eine sarkastische Parodie auf den Kunstmarkt, vorgeblich eine Kritik am Konsumgebaren der Kunstsammler, Verhöhnung von wertlosen Kunst-Fetischen, die durch das Preisschild nur scheinbar geadelt werden.

Das prächtige Gold-Klosett des Maurizio Cattelan, Piero Manzonis mit Gold aufgewogene Künstlerexkremente, Terence Kohs vergoldeter Kot – sie rufen Antonius' Goldgefäße zur Verrichtung seiner Geschäfte in Erinnerung, die den Naturforscher Plinius so empört hatten. Gold-Aura und Ausscheidungen, Kunstzirkus und ungehemmte Provokation, purer Luxus und bloßer Unfug – sie gehören in der Kunstgeschichte manchmal auf erstaunliche Weise eng zusammen.

Die Geschichte um König Midas und dessen verhängnisvolle, lebensgefährliche Gabe ist mit Ovids *Metamorphosen* noch nicht abgeschlossen. Midas machte – wenn der Römer das wüsste! – auch in der Psychoanalyse Karriere oder hinterließ zumindest seine Spur. Der Psychoanalytiker Ernest Borneman (1915 bis 1995) veröffentlichte 1973 sein Werk *Psychoanalyse des Geldes* und wollte im Nachklang zu Sigmund Freuds »Ödipuskomplex« den von ihm so genannten »Midaskomplex« in das theoretische Instrumentarium der Psychoanalyse einführen. Es geht beim Midaskomplex um pathologische Gold- und Geldgier, die alles andere ausblendet. Er wird als »prägenitaler Komplex« bezeichnet, »bei dem die Goldliebe sowohl die Eltern- und die Kinderliebe, als auch die Geschlechtsliebe ersetzt«. Borneman sagt von Midas: »Er stirbt am Gold, er verhungert, verdurstet, erfriert am Gold. In diesem Sinne zerstört der Analcharakter sich selbst …«

Sigmund Freud hält in seiner Studie *Charakter und Analerotik* (1908) zum Zusammenhang von Gold, Geld und Kot fest: »In Wahrheit ist überall, wo die archaische Denkweise herrschend war oder geblieben ist, in den alten Kulturen, im Mythus, Märchen, Aberglauben, im unbewussten Denken, im Traume und in der Neurose das Geld in innigste Beziehungen zum Drecke gebracht. Es ist bekannt, dass das Gold, welches der Teufel seinen Buhlen schenkt, sich nach seinem Weggehen in Dreck verwandelt, und der Teufel ist doch gewiss nichts anderes als die Personifikation des verdrängten unbewussten Trieblebens.«

Borneman in den Fußstapfen Sigmund Freuds: »Aus der Lust am Darminhalt wird Freude am Gelde, das aber nach dem Gesagten auch nichts anderes ist als geruchloser, entwässerter und glänzend gemachter Kot, *pecunia non olet.*« Geld stinkt nicht – das ist bekanntlich der Ausspruch des erfinderischen römischen Kaisers Vespasian, der mit einer Latrinensteuer die Staatseinnahmen vermehren wollte. Geiz und Habgier sind bei Freud verknüpft mit der analen Phase der Entwicklung des Menschen. Gold als »glänzend gemachter Kot« – auf welch unvorhergesehene Wege einen der Blick in die Kulturgeschichte des Goldes führen kann …

Die Verbindung von Gold und Kot ist, wie Freud beobachtet, ein wichtiges Element der Mythen und Märchen, sie ist gleichsam kulturell beglaubigt. Im Märchen *Tischlein deck dich, Goldesel und Knüppel aus dem Sack* der Brüder Grimm etwa, wo der Gold ausscheidende Esel eines der verblüffendsten Motive der Märchenliteratur liefert. Das besagte Gold verlässt den Esel auf oralem wie auf analem Weg: »Er speit Gold, antwortete der Müller, wenn du ihn auf ein Tuch stellst und sprichst ›Bricklebrit‹, so speit dir das gute Tier Goldstücke aus, hinten und vorn. […] Und augenblicklich fing das Tier an, Gold zu speien von hinten und vorn, dass es ordentlich auf die Erde herabregnete.«

Als ein betrügerischer Wirt den goldbringenden Esel gegen einen gewöhnlichen Esel austauscht, blamiert sich der heimgekehrte Sohn vor seinem Vater, doch dank »Knüppel aus dem Sack« bekommt der Gaunerwirt die gerechte Strafe, und der Goldesel füllt schließlich doch noch der ganzen Verwandtschaft die Taschen mit Gold. Reichtum durch die Ausscheidungsorgane eines Esels, Gold als symbolischer Kot – eine frappante Verknüpfung, die im Märchen wie bei Sigmund Freud und seinen Nachfolgern bedeutsam und virulent ist.

Gold und Kot werden beim Mystiker Angelus Silesius (1624 bis 1677) in seinem *Cherubinischen Wandersmann* nicht symbolisch gleichgesetzt, sondern als Gegensätze gesehen. Nur jener Mensch kann selbst zu Gold werden, der sich mit Gott vereint: »Die Goldheit machet Gold, die Gottheit machet Gott: / Wirst du nicht eins mit ihr, so bleibst du Blei und Kot.«

Ist von Gold die Rede, ist also Vorsicht und Misstrauen angebracht. Nicht immer bedeutet es sonnengleiche Götterhaut und pharaonische Macht, sakralen Glanz und Ewigkeit. Tatsächlich gibt es in der Kulturgeschichte des Goldes eine dunkle, abgründige, in gewissen Fällen sogar fäkale Seite. Freud hat die Verknüpfung von Gold und Kot und Teufel (als »Personifikation des verdrängten unbewussten Trieblebens«) deutlich gemacht. Und es existiert in der Kulturgeschichte auch eine regelrechte Verdammung und Verteufelung des Goldes. Wenn Sigmund Freud ein später Nachfahr der Propheten im Alten Testament ist, wird es Zeit, endlich das Buch der Bücher zu befragen.

Das goldene Kalb & Teufelsglanz

Es fängt schon in der Bibel an, mit dem Tanz um das Goldene Kalb, nach dem Auszug der Israeliten aus Ägypten. Ihr Anführer Moses war noch immer auf dem Berg Sinai, um Zwiesprache mit Jahwe zu halten und die Tafeln mit den zehn Geboten in Empfang zu nehmen. Die Israeliten werden ungeduldig, fordern den Hohepriester Aaron auf: Mach uns Götter! Er sammelt Ohrringe, Armreifen und anderen Goldschmuck ein, die eingeschmolzen werden, um zum Götzenbild des Goldenen Kalbes geformt zu werden. Es wird zum Mittelpunkt von Verehrung und wilden Tänzen. Der Rückfall in den Götzendienst kommt die Auszügler teuer zu stehen. Als Moses vom Berg zurückkehrt, sieht er das kopflose Treiben und bricht in gewaltigen Zorn aus. Er lässt dreitausend Menschen abschlachten, weil er sie für unwürdig erachtet, Jahwes Gebote zu empfangen. Er zerschlägt das Götzenbild, in blinder Enttäuschung aber auch die Gesetzestafeln.

Gold wird im Alten Testament misstrauisch betrachtet. Es sind die Götzenanbeter, die Verehrer Baals, die sich von seinem Glanz verführen lassen. Es ist das Attribut der alten heidnischen Gebräuche, Blendwerk von deren Götterstatuen. Das heißt natürlich nicht, dass Gold im Alten Testament nicht vorkommt, über dreihundert Mal erscheint es im Buch der Bücher. Nach der Zerstörung des Goldenen Kalbes wird das Restgold zudem für die Bundeslade und die Einfassung der kostbaren, neu empfangenen Gesetzestafeln verwendet, also war auch Moses kein prinzipieller Verächter des Goldes. Oder genauer:

Gott selbst trug ihm seine Gold-Bestellung auf, er hatte genaue Vorstellungen von der erwünschten Bundeslade: »Die sollst du mit reinem Gold überziehen, inwendig und auswendig bedecken und oben umher einen goldenen Kranz machen« (2 Mose 25,11). In Psalm 19 steht Gold als Vergleichsmaß für das Höchste, das die Worte des Herrn bedeuten: »Sie sind köstlicher als Gold und viel feines Gold, sie sind süßer als Honig und Honigseim.«

Die Königin von Saba, die aus dem sagenhaften biblischen Goldland *Ophir* zu Besuch kommt, lässt sich nicht lumpen und übergibt König Salomo als Gastgeschenk und kleines Mitbringsel hundertzwanzig Zentner Gold. Salomos Tempelbau in Jerusalem war reich mit Gold und Silber ausgestattet. Auch die Vision des himmlischen Jerusalem, die die Offenbarung des Johannes vorführt, kommt nicht ohne gewaltige Massen des Edelmetalls aus: »Und der Bau ihrer Mauer war Jaspis und die Stadt reines Gold [...] Und die Gassen der Stadt waren reines Gold ...« (Offb 21) Dennoch: Das Misstrauen gegen das verführerisch glänzende Metall ist ein Leitmotiv der Heiligen Schrift. Und der »Tanz um das Goldene Kalb« auch heute noch ein Bild für die Vergottung von Geld und Gold, für moralischen Verfall.

Dass das christliche Mittelalter die biblischen und antiken Warnungen vor der üblen Macht des Goldes gierig aufnahm und zu einer eigenen Verdammung des Gold- und Götzenkultes ansetzte, liegt auf der Hand. Der Fluch, der auf dem Gold lastet, beunruhigte aber auch die fortdauernden heidnischen Strömungen des Mittelalters. In der Edda, der im 13. Jahrhundert schriftlich fixierten Sammlung der nordischen Mythologie, ist es der Zwerg Andwari, der einen magischen Ring besitzt und damit uneingeschränkt Gold vermehren kann. Doch die Götter sind neidisch und goldgierig, und der schlaue Loki fängt den Zwerg, der zum Hecht verwandelt den Goldschatz hütet, erpresst die Herausgabe des Goldes samt dem Ring. Der gefangene Zwerg verflucht jeden, der sich an dem Gold vergreift, und prophezeit nicht Reichtum, sondern Ruin: »Mein Schatz wird keinem nützen.« Gold und Fluch sind nur gemeinsam zu haben.

Sein Nachfolger in der Nibelungensage ist der hässliche Zwerg Alberich, der die Liebe verfluchen muss, um den goldenen Ring schmieden zu können. Hagen, der Siegfried erschlagen hat, versenkt das sagenhafte Nibelungengold – hundertvierundvierzig Wagenladungen Gold – im Rhein, und keiner weiß mehr, an welcher Stelle. Es soll übrigens noch heute Hobbytaucher geben, die bei Worms oder bei dem verschwundenen Ort Lochheim den Rhein absuchen. *Good luck!* Richard Wagner schickte im vierteiligen Opernzyklus *Der Ring des Nibelungen* dem Fluch, der auf dem Gold lastet, gleichsam die große Oper hinterher. Doch im *Rheingold* (1869), das die drei Rheintöchter auf dem Grund des Flusses hüten und bewachen, wird das Motiv des goldenen Rings auch noch mit Weltherrschaftsphantasien aufgeladen: »Der Welt Erbe / gewänne zu eigen, / wer aus dem Rheingold / schüfe den Ring, / der maßlose Macht ihm verlieh'.«

Es geht also auch hier um ultimative Macht, und damit kommt der Teufel wieder ins Spiel. Denn es ist im Mittelalter der Teufel höchstpersönlich, der die Menschen mit Gold ködert und verführt, bis er in den Besitz ihrer Seelen gelangt. Konrad von Megenberg, der mit seinem *Buch der Natur* um 1350 das in deutschen Landen – nach der *Legenda Aurea* (Die Goldene Legende) des Jacobus de Voragine (1228 bis 1298), einer Sammlung von Lebensgeschichten der Heiligen – meistgelesene Buch des

Spätmittelalters und der frühen Neuzeit schuf, hielt fest, dass sich das Gold tiefer als andere Stoffe in der Erde befinde und so der Hölle näher sei: *Ge zuo dem tevfel umb golt* (Geh zum Teufel um Gold). Im Volksglauben hinterlässt der Teufel denen, die sich ihm hingeben, einen Haufen Gold, der sich am nächsten Morgen als Kot oder Dreck herausstellt. Eine Art negative Alchemie: Aus Gold wird Dreck.

Gold wurde als Lockvogel des Teufels verdammt, der damit die Seele des Menschen korrumpiert und vereinnahmt. Ein spätes Echo auf dieses teuflische Mittel der Verführung findet sich in Goethes *Faust* (1808). Mephistopheles fordert Faust auf, in Gretchens Schrank ein Kästchen mit Goldschmuck einzustellen. Die Szene heißt *Abend. Ein kleines reinliches Zimmer.* Faust nennt den Ort ein »Heiligtum«, ein »Himmelreich« sogar. Das Zimmer symbolisiert die Reinheit intakter Jungfräulichkeit. Sobald aber das Kästchen mit den Goldsächelchen abgelegt ist, hält die Unreinheit Einzug. Denn Gretchen beißt an, der Köder scheint seine Wirkung zu tun: »Wie kommt das schöne Kästchen hier herein? / Ich schloss doch ganz gewiss den Schrein. / […] Was ist das? Gott im Himmel! Schau, / So was hab' ich mein' Tage nicht gesehn! / Ein Schmuck! Mit dem könnt' eine Edelfrau / Am höchsten Feiertage gehn. / Wie sollte mir die Kette stehn? / Wem mag die Herrlichkeit gehören? / Wenn nur die Ohrring' meine wären! / Man sieht doch gleich ganz anders drein. / Was hilft euch Schönheit, junges Blut? / Das ist wohl alles schön und gut, / Allein man lässt's auch alles sein; / Man lobet euch halb mit Erbarmen. / Nach Golde drängt, / Am Golde hängt / Doch alles. Ach wir Armen!«

Durch die ständischen Schmuckverordnungen war es einem einfachen Mädchen gar nicht erlaubt, Goldschmuck zu tragen (er war eben nur für die »Edelfrau«). Die körperlichen Vorzüge sind bloß eine Minimalausstattung, erst der Schmuck verhilft zu Glanz und Ansehen. Der Teufel wählt offenbar seine Tricks gut. »Nach Golde drängt, / Am Golde hängt / doch alles …« Gretchen ist mit dem Berühren des Goldschmucks schon beinah verführt.

Dem Moment, als sie das Schmuckkästchen entdeckt, geht ein Lied voraus, das Gretchen, während sie sich zur Nacht auszieht, singt. Es ist das berühmte Goethe-Gedicht: »Es war ein König in Thule / Gar treu bis an das Grab, / Dem sterbend seine Buhle / Einen goldnen Becher gab.« Das Gold leuchtet gleichsam als Ahnung voraus auf die Entdeckung und das Anprobieren des fremden Goldschmucks. Gold und bevorstehende erotische Verführung sind hier vom Dichter des *Faust* subtil ineinander verwoben.

Für den Druck von 1808 schied Goethe in einem Akt der Selbstzensur mancherlei Anstößiges aus seinem *Faust* aus, das er wohl als eine moralische Zumutung betrachtete und das die Zeitgenossen heftig hätte erröten lassen müssen. Es sind die »Satansszenen« im Rahmen der »Walpurgisnacht« im »Harzgebirg«, die eine Satansmesse auf dem Blocksberg beschwören. In den Manuskriptfragmenten sind die freizügigen Stellen jedoch erhalten geblieben. Der schamlose, mutwillig obszöne Satan schreckt naturgemäß nicht vor der »Segnung« der Geschlechtsorgane und der Verknüpfung von Gold und sexueller Gier zurück. Satan also spricht: »Euch gibt es zwei Dinge / So herrlich und groß: / Das glänzende Gold / Und der weibliche Schoß. / Das eine verschaffet, / Das andre verschlingt. / Drum glücklich, wer beide / Zusammen erringt! […] Für euch sind zwei Dinge / Von köstlichem Glanz: / Das leuchtende Gold / Und ein glänzender Schwanz. / Drum wisst euch, ihr Weiber, / Am Gold zu ergötzen / Und mehr als das Gold / Noch die Schwänze zu schätzen!« Und den »jungen Hexchen nackt und bloß« gibt Satan noch den Rat: »Seid reinlich bei Tage / Und säuisch bei Nacht! / So habt ihrs auf Erden / Am weitsten gebracht.«

Zitierfähig oder nicht? Aber die Verse stammen doch von dem Klassiker Goethe! Die Stelle zeichnet eine Menschheit, die von Gier nach Gold und Sex getrieben ist – unter Satans Fuchtel. Es geht im *Faust* letztendlich um »die Spur / des ewigen Lebens, / der tiefsten Natur«. Auch wenn die Satansszenen schließlich in der Schublade der Selbstzensur oder in Goethes von ihm selbst so genannten »Walpurgissack« verborgen bleiben mussten.

Auch William Blakes Gedicht *Ich sah eine Kapelle ganz aus Gold* (1794) inszeniert Anrüchiges (vgl. S. 186): einen sakralen, goldenen Bau, den die Menschen vor Ehrfurcht nicht zu betreten wagen, der jedoch von einer – deutlich phallisch gezeichneten – Schlange aufgebrochen wird, worauf sie ihr »Gift« auf den bislang unbefleckten, jungfräulich »weißen« Altar und das Heiligste speit: die Opfergaben Brot und Wein. Das von Profanierung und Besudelung des Sakralen aufgewühlte Ich verlässt den entweihten Ort: »So ging ich hin in einen Stall / Und legte mich zum Schwein.« Vom sakralen Raum der goldenen Kapelle zum Schweinestall führt der Weg des Menschen, der das Heilige hinter sich lässt.

Hier ist das Gold nicht das Lockmittel des Satans wie in Goethes *Faust,* sondern das Metall der Heiligkeit, die im Gedicht geschändet wird. Der visionäre englische Dichter und Maler William Blake (1757 bis 1827), dessen künstlerische Radikalität und unorthodoxe Naturmystik bei seinen Zeitgenossen auf Unverständnis stieß, führt hier die Möglichkeiten des Menschen vor, der zum Heiligen fähig ist, in dem jedoch fortwährend das Tier lauert. Der christlichen Kirche warf er Lebensverneinung und Enge vor, Unterdrückung von animalischen Impulsen, von Sexualität, Lebensfreude und Sinnlichkeit, von Phantasie und Freiheit, die für ihn zum Menschsein gehörten. Das war nichts für die Augen der Allgemeinheit: Auch das zitierte Gedicht bekamen die Zeitgenossen nicht zu Gesicht, genau wie Goethes »Walpurgissack«. Nur in einem Notizbuch hat es überlebt. Goethes satanischer Giftschrank und Blakes geheimes Notizbuch sind die Gefäße des ungezähmten Unbewussten. Der Teufel hat dort seinen hinterhältigen Glanz hinterlassen.

Die Hölle im Hochgebirge

Aber man muss nicht immer den Teufel oder Satan bemühen, um die Abgründe des Goldwesens aufzuzeigen. Das Elend ist ja doch meist von Menschen gemacht. Die Kulturgeschichte des Goldes ist keine Idylle und nicht immer Anlass zu Jubel. Für Gold sind Kriege geführt und Menschheitsverbrechen begangen worden. Mit dem Edelmetall finanzierte das »Dritte Reich« den Zweiten Weltkrieg, es war in vielen Fällen skrupellos gestohlenes Gold. Schon die Bezeichnungen machen schaudern: Opfergold, Raubgold, Nazi-Gold, Totengold. Opfergold nennt man das vom NS-Regime Juden und anderen Verfolgten ab 1933 abgenommene Gold, Raubgold bezeichnet die von der Wehrmacht beschlagnahmten Goldreserven der besetzten Staaten. Am furchtbarsten klingt Totengold. Es meint Schmuck und Zahngold ermordeter Opfer der Shoa. Die Verschmelzung von Gold und Tod. Das Grauen in einem einzigen Wort.

Legenden umranken die Nazischätze, die irgendwo vergraben sein sollen, doch die Hauptspur des Goldes führt in die Schweiz. Das »Dritte Reich« soll Gold im Wert von 1,7 Milliarden Schweizer Franken in das vermeintlich neutrale Land transferiert haben, ungefähr 349 Tonnen Feingold. Es bedeutete Goldwäsche im großen Stil. Die Goldreserven des Reiches waren 1939 durch die enormen Kosten der Aufrüstung praktisch aufgebraucht, es blieb nur wenig sauberes Gold. Der größte Teil des 1940 bis 1945 in die Schweiz transportierten Goldes war Raubgold, viele Tonnen stammten aus den überfallenen Ländern Belgien, Niederlande, Luxemburg. Die norwegische Staatsbank schaffte es rechtzeitig, ihr Gold nach Großbritannien auszulagern, Polen hatte sein Gold 1939 nach Paris geschickt. Von dort wurde es mit den französischen Beständen in den Senegal verfrachtet und blieb dem deutschen Zugriff entzogen. Es gelang manchmal, den Besatzern und ihrer Goldgier eine lange Nase zu drehen. Das Kriegsgeschehen in Europa wurde begleitet von gewaltigen Gold-Transfer-Aktionen mit dubiosen Zwischenfällen.

Den Löwenanteil der in die Schweiz transportierten Barren, 70 Prozent oder 246,4 Tonnen Gold, kaufte die Schweizerische Nationalbank dem Deutschen Reich gegen Devisen ab. Ohne die für beide Seiten profitablen Bankgeschäfte wäre der Zweite Weltkrieg nicht zu finanzieren gewesen. Über diese Drehscheibe ging Gold nach Portugal für Wolfram-Lieferungen, nach Schweden für Eisenerz. Metalle, Metalle braucht der Krieg. Und ein Edelmetall spielt dabei eine kapitale Rolle. Eine von dem Wirtschaftshistoriker Jean-François Bergier geleitete Kommission untersuchte 1996 bis 2002 unter anderem die Goldgeschäfte der Schweizerischen Nationalbank im Zweiten Weltkrieg. Ein trauriges Kapitel in der Geschichte eines verschonten Landes.

Aber es gibt auch eine heutige Dunkelseite des Goldgeschäfts, und auch sie liegt Lichtjahre von der Idylle entfernt. Mit seinem Buch *Goldwäsche. Die schmutzigen Geheimnisse des Goldhandels* erregte der Schweizer Strafrechtler Mark Pieth 2019 erhebliches Aufsehen. Hier geht es nicht um zwielichtige Transaktionen im Zweiten Weltkrieg, sondern um gegenwärtiges Unrecht und Elend und die Verarbeitung von Gold fragwürdiger Herkunft in der Schweiz. Jahr für Jahr werden rund 3000 Tonnen Gold importiert, in Raffinerien eingeschmolzen und zu Barren gegossen. Es soll sich um 50 bis 70 Prozent der weltweiten Goldproduktion handeln, die in dem kleinen Land verarbeitet werden, zuverlässig, diskret, und in vielen Fällen ohne Bemühung um Durchleuchtung zweifelhafter Lieferketten. Pieths Buch ist ein aufklärerisches Manifest, es zeigt generell das problematische Wesen jeder Goldgewinnung auf, berichtet detailreich von Menschenrechtsverletzungen, Umweltzerstörung, Vertreibungen, Zwangsprostitution, Kinderarbeit, Geldwäsche, Korruption und Kriminalität.

Ist die erstrebte Reinheit des Goldes nur durch moralische Unreinheit zu erlangen? »Lauteres« Gold meint reines, beimischungsfreies Edelmetall. Passend, dass das Wort auch eine moralische Bedeutung hat. Lauterkeit meint Anständigkeit, Untadeligkeit. Ist im Goldwesen letztlich alles nur »schmutziger Glanz«, der nicht mehr abwaschbar ist? Die Kulturgeschichte des Goldes kann und soll einen nachdenklich stimmen.

In einem besonders erschütternden Teil berichtet Pieth von einem auf 5300 Meter Höhe gelegenen Ort namens Rinconada in den Anden, im Südosten Perus, unweit des Titicaca-Sees. Es ist die höchste Stadt der Erde, in der 60.000 Menschen in Baracken und lottrigen Behausungen leben: laut Augenzeugen der »schmutzigste Ort der Welt«. Wie eine Favela von Rio de Janeiro, aber im Hochgebirge. Das Gewaltpotenzial ist enorm, die Mordrate erschreckend hoch, Lynchjustiz an der Tagesordnung. Warum nur leben die Menschen dort? Der Berg Ananea enthält Gold.

Rinconada ist ein Ort ohne fließendes Wasser, die Menschen müssen Stücke des von Quecksilber belasteten Gletschers mit dem Namen *La Bella Durmiente* (Schlafende Schönheit) abbrechen und auftauen. Es gibt kein Abwassersystem, keine geregelte Müllentsorgung, die Umwelt ist verdreckt, der Ort stinkt zum Himmel. Kilometerweise türmen sich entlang der Anfahrtsstraße die Abfallberge, die Säcke werden von Geiern aufgerissen. Sauerstoff zum Atmen ist knapp. Es gibt viele Fälle von chronischer Höhenkrankheit: Schwindel, Kopfschmerzen, Ohrensausen, spontanes Erbrechen, Herzschwäche, Lungenembolien.

Auch die Luft ist von Quecksilber geschwängert. Zerstoßenes goldhaltiges Gestein wird mit dem hochgiftigen Quecksilber verrührt, oft mit bloßen Händen. Das Gold amalgamiert mit diesem Metall, dann wird das Quecksilber mit dem Lötbrenner weggedampft. Meist wird diese Arbeit von Frauen besorgt, andere Frauen verkaufen am Straßenrand tassenweise den giftigen Stoff – wenn sie nicht zur traurigen Truppe der Zwangsprostituierten gehören. Die Mine selbst betreten dürfen die Frauen nicht, ein Aberglaube verbietet es ihnen: »Mutter Erde« könnte eifersüchtig werden auf die weibliche Präsenz und die

Stollen einstürzen lassen. Die Bergleute sind weder gegen Krankheit noch Unfall versichert und arbeiten 28 Tage pro Monat ohne Lohn. An den zwei restlichen Tagen dürfen sie zum eigenen Nutzen nach Gold schürfen. Es ist Anreiz genug, wenn sie denn fündig werden. Im Winter fallen die Temperaturen bis auf minus 25 Grad.

In Dantes *Inferno* ist die unterste Hölle keine gewaltige Glutkammer, sondern eine gigantische Eiswüste. Auch in den Anden gibt es eine Filiale der Hölle – eine eisigkalte Goldmine. Die Hölle im Hochgebirge. Die Raffinerie ist das Fegefeuer, der Läuterungsberg, wo die Herkunftsfrage nicht gestellt wird. Die paradiesische Reinheit ist nirgendwo zu finden, sie ist eine Illusion. Bildmaterial von der Hölle ist selten, die Leute wollen nicht, dass die Verhältnisse bekannt werden. Sie könnten ihre einzige Einnahmequelle verlieren.

Alles Elend des Goldrauschs schien vermeintlich längst in die Geschichte entrückt, dabei gibt es noch in unserer Zeit schaudern machende Ausbrüche. Rinconada ist nur einer der zuletzt bekannt gewordenen klaffenden Orte. Im Jahr 1978 fand man in der brasilianischen Serra Pelada große Goldmengen, was eine Invasion von bis zu einer halben Million von *garimpeiros*, Goldgräbern, auslöste. Landlose Bauern aus den armen nordöstlichen Bundesstaaten Brasiliens witterten ihr Glück, Serra Pelada wurde zum Zauberwort der Ärmsten der Armen.

Sie bildeten wuchernde Hüttensiedlungen. Schaufeln, Spitzhacken und Goldwaschpfannen erfuhren erneut einen Boom wie zu General Suters Zeiten. In den tropischen Amazonas-Regenwald wurde ein 120 Meter tiefes und 300 Meter breites Loch gegraben, um im Tagebau an das Gold heranzukommen. Es war die größte Freiluftmine der Welt. Infektionen durch Tropenkrankheiten setzten den schlecht genährten Menschen zu, die Sterblichkeit war enorm. Bei der Niederschlagung eines Aufstands der Goldschürfer durch die brasilianische Militärpolizei soll es 1988 über hundert Todesopfer gegeben haben. Ab 1992 verringerte sich die Ergiebigkeit des Tagebaus, die Kraterränder brachen ein, Grundwasser schoss hervor und bildete einen See, der den unkontrollierten Goldrausch zum Erliegen brachte.

Woher kennen wir die Bilder? Einem brasilianischen Fotografen, dem 1944 geborenen Sebastião Salgado, gelang es, in erschütternden Aufnahmen von Arbeitern in der Serra Pelada ein modernes Bild des menschlichen Elends im Goldfieber zu vermitteln. Seine sozialdokumentarischen Fotos in Schwarzweiß sind weltberühmt, Wim Wenders widmete dem legendären Fotografen den Film *Das Salz der Erde*, der 2014 beim Filmfestival in Cannes einen Spezialpreis der Jury bekam. Salgado dokumentierte bis zu seinem Zusammenbruch Krieg, Hunger und Elend, das Leben der endlos Schuftenden, der Benachteiligten dieser Welt. Seine Fotoreportage von 1986 über die Goldschürfer in der Serra Pelada verursachte einen weltweiten Aufschrei.

Das ungeheure Gewusel von verdreckten, ausgemergelten Menschenleibern in diesem brasilianischen Inferno fing Salgado in siebentausend Fotos ein, die keiner vergessen kann, der einmal nur ein paar davon gesehen hat. Es ist die geballte menschliche Misere, die sich in diesen Bildern spiegelt, eine archaische Parallelwelt abseits der Zivilisation, die eigenen Regeln und Gesetzen gehorcht. Oder grenzenloser Anarchie, befeuert von panischer Sucht und der Gier nach Gold.

Erschütternd die Bilder jener Tausenden von Handlangern, die *formigas* (Ameisen) genannt wurden und die, Sklaven einer weit zurückliegenden Antike ähnlich, den gewaltig anfallenden Abraum auf wackeligen Leitern über den Kraterrand hinauf zu schleppen hatten. Dreißig Mal am Tag pro Mann, in Säcken zu vierzig Kilo, die mit Seilen an der Stirn befestigt auf dem Rücken baumelten – die Hände mussten frei bleiben für die Leitersprossen. Die menschlichen Ameisen ruinierten für eine Mahlzeit und ein paar jämmerliche Münzen ihre Gesundheit, viele überlebten die Schufterei nicht.

Wenn Dantes *Inferno* durch einen Fotografen hätte beglaubigt werden können – seine Fotos müssten so aussehen wie jene Salgados. Teufelsglanz, von Menschen aus einem Höllenschlund hervorgepresst. Dreißig Tonnen Gold gab die Serra Pelada her, doch von den Dollar-Millionen landeten nur klägliche Krümel bei den Arbeitern und Ameisen. Wenn der Tiefpunkt erreicht ist, glänzt nicht immer Gold am Horizont.

Dreiste Diebe und eine kleine Betrügerin

Es gibt große Teufel und kleine Teufel. Es gibt dreiste Diebe und schamlose kleine Betrügerinnen. Natürlich muss das dämonische Kapitel *Teufelsglanz* einen Zusatz zur Kriminalgeschichte bekommen. Eine Goldgeschichte hat auch von Schummlern, Fälschern und Dieben zu berichten. Aber man konnte durchaus auch römischer Kaiser sein, wenn einen die unersättliche Gier nach Gold auf Abwege trieb, wenn das Luxusstreben oder riskante militärische Unternehmungen den Goldbedarf in die Höhe schießen ließen. Ein oft praktiziertes Verfahren war die Wertminderung von Münzen; durch den verminderten Anteil an wertvollem Metall in Münzen ließ sich so einiges für Luxus abzweigen. Der ursprüngliche Wertspeicher Gold wird für den Luxuskaiser zur leicht verfügbaren Geldquelle, wenn er die Münzen manipuliert.

Kein Wunder, dass sich Kaiser Nero (37 bis 68 n. Chr.) als Erster dieses Tricks bediente, schließlich hatte er mitten in Rom mit seiner *Domus Aurea,* dem »Goldenen Haus«, eine weitläufige Palastanlage mit gigantischem Goldschmuck auszustatten. Aber auch Gallienus, der im Jahr 260 Kaiser wurde, ist durch Münzmanipulationen in die Geschichte eingegangen, und Diokletian, der 284 die Macht übernahm, wollte ihm nicht nachstehen, beauftragte sogar einen Untersuchungsausschuss, der in alten Buchrollen wühlen und die Frage klären sollte, ob man Gold nicht auch selbst herstellen könnte. Er träumte gleichsam in Vorausnahme den Traum der Alchemisten des späten Mittelalters und der frühen Neuzeit.

Die eifrigen Wertfälscher hatten viele Nachfahren, und sie waren bestimmt nicht alle im Rang eines Kaisers. Es gibt echte Fälscher bis in unsere Zeit. Berüchtigt ist das »Autobahngold«. Angeblicher Goldschmuck wird mit einem falschen Echtheitsstempel versehen und Touristen an belebten Orten wie Autobahnraststätten oder Bahnhöfen angedreht. Ein 170 Gramm schwerer Goldbarren, auf dem 250 Gramm steht, ist wohl eher leicht zu entlarven. Aber auch begehrte Münzen wie der südafrikanische Krügerrand oder der *American Eagle* sind bei Fälschern beliebt. Vergoldetes Messing, Kupfer oder Wolfram können täuschend echt hergerichtet sein, der fremdmetallische billige Kern kann in einem leichten wertvollen Mäntelchen auftreten. Wolfram ist dank ähnlicher Dichte und Gewicht besonders geeignet. Da ist nur ein Problem: Wolfram wird von einem Magneten angezogen, Gold nicht. Reines Gold bleibt seelenruhig, gefälschtes reagiert gerne zappelnd auf Anziehungskraft.

Bei Berichten von Betrug um gefälschte Goldbarren ist man immer versucht, voller Schadenfreude zu lächeln: Wie kann man bloß so blöd sein, den Fälschern so plump auf den Leim gehen. Doch die Opfer sind nicht immer unbedarfte Leichtgläubige. Am 29. Oktober 2019 stand ein junger Mann in Göttingen vor Gericht, der der Sparkasse rund 270 laienhaft nachgemachte Goldbarren verkauft und mehr als 300.000 Euro dafür kassiert hatte. Als Achtzehnjähriger hatte er erstmals im Internet bei Ebay solche Attrappen erstanden und als Versuchsballon der Bank angeboten. Ermutigt durch die mühelose Akzeptanz, ging der Betrug immer weiter. Die Sparkasse soll sogar bei dem Mann angerufen haben, um nachzufragen, ob er nicht noch mehr Gold zu verkaufen habe. Die Welt will um jeden Preis betrogen sein. Manche betrügerische Machenschaften sind so dreist, dass keiner draufkommen mag, es könnte etwas faul an der Sache sein. Im Nachhinein ein garantierter Lacherfolg, wenn es nicht so peinlich wäre. Die Sparkasse verkaufte die Goldbarren weiter an zwei gnädig verschwiegene Landesbanken, ohne dass irgendwem etwas auffiel. Leichtgläubigkeit scheint ansteckend zu sein, sich selbst in Geldinstituten auszubreiten … Irgendwann hat doch jemand kontrolliert, und die Sache flog auf.

Goldgeschichte ist also ohne Kriminalgeschichte nicht zu haben. Diesmal geht es nicht um gerissene Fälscher, sondern um dreiste Diebe. Im März 2017 ging eine Aufsehen erregende Meldung durch die Presse. Im Berliner Bode-Museum wurde eine große Goldmünze geklaut:

eine hundert Kilogramm wiegende *Big Maple Leaf* mit einem Nennwert von einer Million Dollar und einem Materialwert von fast vier Millionen. Sie wurde im Jahr 2007 von der *Royal Canadian Mint* ausgegeben und ist bei einem Durchmesser von 53 Zentimetern drei Zentimeter dick. Die größte Goldmünze ist aber die 1000 Kilogramm wiegende *Red Kangaroo* aus dem australischen Perth.

Die kleine Schwester des Roten Känguruhs war also eines schönen Morgens einfach weg. Die Diebe hatten nur eine ausziehbare Leiter, eine Schubkarre und eine Idee gebraucht. Vom nahen Bahndamm aus stiegen sie ein. Nach getaner Arbeit ließen sie die Münze einfach aus der Höhe durch ein Fenster auf den Boden plumpsen. Der Eindruck am Bahndamm, wo sie aufschlug, konnte festgestellt werden, die Diebe hatten dort gleichsam ihre Signatur in Form von Goldabrieb hinterlassen. Die Frage, ob es die Museumsleute den Dieben nicht zu leicht gemacht hätten, muss hier nicht erörtert werden. Die Alarmanlage schweigt sich aus. Die Münze blieb bis heute spurlos verschwunden. Wahrscheinlich wurde sie – da selbstverständlich unverkäuflich – eingeschmolzen und in leichter verdaulichen Kleinportionen verkauft. Auch drei Monate nach der Tat gab es keine heiße Spur. Im Juli 2017 wurden vier Tatverdächtige verhaftet. Aber das hundert Kilo schwere runde Diebesgut aus reinstem Gold ist nicht wieder aufgetaucht. Der Teufel muss seine Finger im Spiel gehabt haben.

Ist nicht auch unsere Sprache eine kleine Schummlerin, dreiste Fälscherin, durchtriebene Teufelin? Sie gaukelt uns Gold vor, wo keines ist. Vom digitalen Pseudo-Gold der Kryptowährungen war schon die Rede, von Betongold und Autobahngold. Wie viel Gold gibt es in der Vogelwelt! Die Goldamsel ist der kommune Pirol, der Goldzeisig gehört zur Familie der Finken, die Goldammer zu den Sperlingsvögeln. Natürlich gibt oft ein leuchtendgelbes Gefieder oder ein Teil davon den Ausschlag für die Vergoldung des Namens. Das Goldkehlchen ist aber kein besonders hübsch zwitscherndes Vögelchen, das seine Stimme trällern lässt, sondern ein junger Gesangsstar, der die Kassen klingeln macht. Wer sich eine goldene Nase verdient, hat ausgesorgt. Das Goldkind sodann – ein Klassenbester.

Die Goldfliege meint die vulgäre Schmeißfliege mit metallisch glänzendem, goldgrünem Körper. Die Goldmakrele ist ein Raubfisch und schwimmt schneller als die andern. Der Goldkäfer ist ein getarnter Rosenkäfer. Der Goldfuchs ist nichts anderes als ein Pferd, das sich in bescheidenerer Stimmung auch Rotfuchs nennt. Der Goldschakal ist größer als der Fuchs und kleiner als der Wolf. Der Goldschmied stellt nicht nur Schmuck her, er ist auch ein Laufkäfer.

Gold wildert gern in der Bezeichnung von Tieren, aber auch die Früchte werden damit aufgeschönt. Die Goldparmäne ist gewiss ein süßer Apfel, aber ist der *Golden Delicious* nicht der fadeste Apfel der Welt? Goldlack ist ein Zierstrauch, Goldregen ebenso, der Goldstern gehört zu den Liliengewächsen. Bei den Pilznamen geht es oft auch golden zu.

Besonders amüsant ist das »Hüftgold«, das sich als Fettpolster um Menschenkörper legt, wenn man sich allzu gern dem Tortengenuss hingibt. Dass einer der schlimmsten antibiotika-resistenten Killerkeime das Gold im Namen trägt, ist sozusagen der Gipfel des Zynismus: *Staphylococcus aureus*, wörtlich »Goldenes Traubenbeerchen«, aber in Wirklichkeit »der König der Killer-Keime«,

Horror der Krankenhäuser, hoch pathogen, vielen Kranken den Tod bringend. Aber Gold trägt er im Namen!

Ruft einer aus: »Das sind ja goldene Aussichten!«, gebraucht er eine Figur, die in der Rhetorik »Antiphrase« heißt: Ich sage das eine, ich meine sein Gegenteil. Der Stoßseufzer bezieht sich auf eine verfahrene Situation, ein Zusammenkommen mehrerer ungünstiger Umstände. Also könnte man übersetzen: »So ein Pech!«, »Es ist alles im Eimer«, »Jetzt können wir gleich einpacken«. Nichts mit Gold! Schlimmer geht's nicht. Vermutlich verwendet der Mensch solche Antiphrasen, um das Unglück abzumildern, abzufedern, ihm seinen bösen Stachel zu nehmen. Die Sprache hält therapeutische Mittelchen für uns bereit. Also: Alles halb so schlimm.

Die Liste lässt sich noch lange fortsetzen. Aber ich habe keinen Goldhamster, der mir diese Seiten diktieren könnte. Ich habe keine Goldfische, mit denen ich das goldene Vorhaben lautlos besprechen könnte. Einen Goldesel habe ich erst recht nicht, und Goldfinger gibt es wirklich nur im James-Bond-Film. Der Goldene Schnitt bezieht sich kaum auf die Komposition eines Essays, ist aber wesentlich in Malerei und Baukunst. Auch wenn es beim Schreiben wie überall Goldene Regeln zu beachten gilt. Soll man hier alles wortwörtlich, peinlich genau nehmen, also jedes Wort auf die Goldwaage legen? Ironie ist heilsam, und ein goldenes Händchen zu haben, wäre auch im Leben eines Schriftstellers eine große Hilfe. Ja, auch unsere Sprache ist eine kleine Schummlerin, dreiste Fälscherin, durchtriebene Teufelin!

Indiens goldzahnige Götter

Goldgeschichte soll nicht eurozentrisch sein. Goldgeschichte ist global, sie findet überall auf der Welt statt. Wenn es aber einen Erdteil gibt, der nicht vergessen werden darf, so ist es Asien. Ein vom Gold vielfältig geprägter Kontinent. In Asien war Gold weit weniger für die Münzwährungen bestimmt als im Abendland, wo Gyges und Krösus, die Könige der Lyder, erstmals Münzen prägen ließen. Dafür konnten die Chinesen eine andere Erfindung für sich beanspruchen: Papiergeld. Wie kam es dazu? Aus der Not geboren, aber weltweit folgenreich.

Im Jahr 221 v. Chr. verschmolz der General Qin Shi Huangdi die »Streitenden Reiche« der chinesischen Feudalstaaten zu einer politischen Einheit und ernannte sich zum »Ersten erhabenen Gottkaiser von Qin«. Er erbaute die Chinesische Mauer zum Schutz seines Reiches und ließ in herrscherlicher Voraussicht seine Grabstätte von der weltberühmten Terrakotta-Armee bewachen, die erst 1974 durch Zufall entdeckt wurde. In seinem geeinten China, dessen Bezeichnung auf seinen Namen *Qin* zurückgeht, wurden zum Zahlen grobe Bronzemünzen mit einem viereckigen Loch in der Mitte verwendet, die auf Schnüre aufgezogen wurden. Ein Jahrtausend später, während der Regierungszeit von Hien Tsung (806 bis 821 n. Chr.), gab es eine dramatische Verknappung der Kupfervorräte, die den Kaiser sozusagen zu einer Erfindung zwang. Er ließ Papierbögen bedrucken, die fortan als Geld in den Umlauf gelangen sollten. Unbeabsichtigt wurde er zum Pionier des papiergeprägten Geldwesens und schlug den spektakulären chinesischen Erfindungen – wie Buchdruck, Schwarzpulver und Kompass – noch eine dazu.

Marco Polo wollte seinen Augen nicht trauen, als er 1276 im China des mongolischen Kaisers Kublai Khan, eines Enkels von Dschingis Khan, Banknoten aus Papier, hergestellt aus der Rinde von Maulbeerbäumen, entdeckte. In seinem Reisebericht *Die Wunder der Welt* über seine 1271 bis 1295 von Venedig aus unternommene Fernostreise gesteht er der seltsamen, himmelstürzenden Erfindung einigen Raum zu. Die Verwunderung ist aus jeder Zeile zu spüren: Das soll Geld sein? Welche Magie klebt an diesen Scheinen? O-Ton Marco Polo: »Der Kaiser lässt davon eine solche Menge herstellen, dass man alle Schätze der Welt kaufen könnte [...] Mit diesem fabrizierten Geld wird alles bezahlt; in sämtlichen Provinzen, in jedem Königreich, im ganzen kaiserlichen Machtbereich ist es das einzige Zahlungsmittel. Sollte sich jemand weigern, es anzunehmen, droht ihm die Todesstrafe.« Die Akzeptanz des in den Augen Marco Polos abstrusen Pseudo-Geldes wurde also vom Kaiser mit Gewalt erzwungen.

Gleichzeitig ließ Kublai Khan alles vorhandene Gold einziehen und in den kaiserlichen Schatzkammern verwahren. »Auf diese Weise häufen sich edle Metalle und Steine aus dem ganzen Reich in den Schatzkammern des Großkhans.« Der Oberste Herrscher also hortet das Gold und lässt Papierscheinchen ausgeben. Gold wurde aus dem Verkehr gezogen, um gebunkert zu werden, der Kaiser verfügte über das Monopol. Völliges Phantasiegeld war es also nicht, was die Rinde der Maulbeerbäume versprach. Immerhin leuchtet die Absicht ein, eine vom Kaiser garantierte Golddeckung der Scheine aufrechtzuerhalten. Was durch Hunderttausende von chinesischen

Händen ging, war bereits ein mit physischem Gold hinterlegtes Wertpapier.

Das begriffsstutzige Europa brauchte dafür viel länger, die Einführung des Papiergeldes verlief ab dem 15. Jahrhundert sehr mühsam. Die Verbreitung im großen Stil in Frankreich Anfang des 18. Jahrhunderts geriet zum Fiasko. Noch immer herrschte Marco Polos Verblüffung vor: Das soll Geld sein? Misstrauen gegen Zahlungsmittel ist so alt wie die Zahlungsmittel selbst. Heute, wo die Nationalbanken der Druckerpresse selten Ruhe gönnen, scheint sich das tiefe Misstrauen in blindes oder naives Vertrauen auf den Wert des Papiers verwandelt zu haben.

Asien hatte viele prächtige Attraktionen zu bieten, wonach die Europäer lechzten und wofür sie – befördert durch das aus Südamerika im 16. und 17. Jahrhundert herangeführte Gold – Unmengen von Edelmetall einzusetzen bereit waren: Gewürze, Tee, Seide, Porzellan und andere Luxusgüter. Die Importe aus Asien wurden als begehrte Statussymbole gehandelt. Gold und Silber gegen Pfeffer und Curry! Jedem Erdteil seine goldenen oder gewürzgelben Phantasmen und Begehrlichkeiten.

Ein Tag im Dezember, ich besuche die Ausstellung *Javagold. Pracht und Schönheit Indonesiens* im Reiss-Engelhorn-Museum in Mannheim. An dem Morgen bin ich der einzige staunende Besucher. Der Weihnachtsmarkt ist in Reichweite, und es scheint Jahreszeiten zu geben, in denen die Menschen Glühwein dem Gold vorziehen. Aber der Dezember leuchtet anders: Auch die indonesische Inselwelt strahlte vom Gold. Es diente der Prachtentfaltung der Herrscher, symbolisierte Macht und Ansehen und unermesslichen Reichtum. Und es vermittelte die Aura magischer, betörender Schönheit.

Auf Java gab es vom 7. bis ins 15. Jahrhundert wechselnde hinduistische und buddhistische Königreiche, die unter sich rivalisierten, sich gegenseitig im Goldprunk übertreffen wollten. Es begann um 500 n. Chr., als indische Händler über die Straße von Malakka die Insel erreichten und den Hinduismus mitbrachten, und es endete, als muslimische Kaufleute aus Westindien ab dem 15. Jahrhundert den Islam in Indonesien verbreiteten, der Gefäße aus Gold und Silber wie auch bildliche Darstellungen untersagte. Als letzter Höhepunkt gilt der Hof des 1527 untergegangenen Reiches Majapahit im östlichen Java, in der Nähe von Surabaya: Goldene Wände und Fliesen, abwechselnd vergoldete und versilberte Treppenstufen und unvorstellbarer innenarchitektonischer Prunk waren sein Kennzeichen.

In den hindu-buddhistischen Königreichen auf der Insel galten goldgeschmückte Frauen als nobel und schön, auch Männer trugen aufwendig verzierten Goldschmuck und goldene Zeremonialwaffen. Es ging geradezu um die Vergoldung der Person. Die Herrscher gingen von Kopf bis Fuß in Gold, trugen Goldkronen, aus denen goldene Flammen hervorragten als Zeichen göttlicher Erleuchtung. Goldbesitz bedeutete nicht nur Reichtum und Macht, sondern auch das Wohlwollen der Götter. Da es im Hinduismus tausende Götter gibt, ist das mit Goldglanz zu betörende göttliche Publikum besonders zahlreich.

Körperschmuck aus dem Edelmetall betraf nicht nur filigran verzierte Ringe, Halsreifen und Diademe, mit Gold geschmückt wurden auch Ohren und Ohrläppchen, Oberarme, ja alle Körperteile, die Schamgegend nicht ausgenommen. Es gab Schamzier-Platten für beide Geschlechter, die die betreffenden Organe nicht hervorheben, sondern Keuschheit und Askese betonen sollten.

Auf einem besonders prächtigen Stück aus dem 11. Jahrhundert wird König Airlangga im Goldrelief dargestellt, der das Reich Kahuripan auf Ostjava begründete, abdankte und sich zurückzog, um als Einsiedler auf Bali zu leben und spirituelle Kraft durch Meditation und Askese zu erlangen. Ösen aus Golddraht ermöglichten eine sichere Befestigung am entsprechenden Ort. Eine weibliche Schamzier zeigt Sri Tanjung, die zierliche Heldin einer javanischen Sage, die zu Unrecht der ehelichen Untreue bezichtigt wurde. Enthaltsamkeitspreisung am maßgeblichen Organ, von Askese erzählender Geschlechtsteil-Schmuck … Merkwürdige Goldverwendungen rhythmisieren das Nachdenken über das Wesen des Edelmetalls.

Eine berühmte Tempelinschrift aus dem Jahr 732 n. Chr. vergleicht den göttlichen Ruhm des Königs Sanjaya mit dem Glanz im Feuer geschmolzenen Goldes. Da er in den Zeugnissen als »Piratenkönig« bezeichnet wird, ahnt man sofort eine der Quellen seiner gutgefüllten Truhen: Selbst auf dem offenen Meer fand er sein Gold. Auf den indonesischen Inseln gab es kein heimisches Gold. Es gab dichte Regenwälder und zahlreiche aktive Vulkane, aber kaum ein Krümchen Gold im Boden. Es musste bei der Goldversessenheit der Herrscher in großen Mengen aus Indien und China herbeigeschafft werden. Der kostbare Import erforderte auch ein hoch entwickeltes Handwerk. Für die Herstellung feinster Schmuck- und Kultgegenstände gab es auf Java und Bali ein äußerst raffiniertes Goldschmiedewesen, verkörpert von Top-Handwerkern.

Indien gehört noch heute zu den größten Goldaufkäufern der Welt. Der indische Goldhunger ist sehr alt. Gold ist die beliebteste Form beweglichen Reichtums, Schmuckverarbeitung der wichtigste Goldgebrauch. Brautschmuck aus Gold ist eine Verpflichtung der Familie, die ihre Töchter verheiraten will. Die Anziehungskraft des glänzenden Metalls hat eine sakrale Aura. Im Rig-Veda, der Sammlung der ältesten religiösen Schriften Indiens, die zwischen 1500 und 1000 v. Chr. entstanden, aber noch weiter zurückreichende, mündlich tradierte Ursprünge haben, kommen den Göttern vielfache Gold-Attribute zu. Der Rig-Veda ist ein gewaltiger Chor von tausend Hymnen zur Preisung der Götter, Lobgesänge und Beschwörungen, inbrünstige Anrufungen, Bitten und Gebete.

Hier ein Ausschnitt aus einer dem kriegerischen Gott Indra, dem frühindischen »König der Götter«, dem mächtigen Sohn von Himmel und Erde, geweihten Hymne: »Der Meisterkünstler hat uns einen Wagen voll Gold geschenkt, er als unser Lohner zum Lohn, er hat ihn uns geschenkt.« Indras Attribute sind selbstverständlich aus dem edlen Metall, »die geliebte Keule des Indra wird gewetzt, die immer treffende, goldene«. Mit ihr tötet er Dämonen und erweckt gefallene Krieger zum Leben. Indras Waffe ist in den Veden immer »golden« und »tausendzackig«. Auch seine Körperfarbe ist golden.

Manche an Indra gerichteten Hymnen überschlagen sich fast vor Wortreihungen mit »Gold« und »golden«: »Den Himmel, der den Goldenen nährt, die Erde von goldenem Aussehen hat Indra gefestigt, die reiche Nahrung der beiden Goldfarbigen, zwischen denen der Goldene wandelt. Sobald der goldene Bulle geboren ist, erleuchtet er den ganzen Lichtraum. Der Goldrossige nimmt die goldene Waffe in die Arme, die goldene Keule.«

Der indische Götterhimmel ist undenkbar ohne das weithin strahlende Gold. Brahma der Schöpfer, Vishnu der Erhalter und Shiva der Zerstörer – sie stehen alle mit Gold in Berührung. Die Ashvins, die heilenden Zwillingsgötter, fahren auf ihrem von weißen Pferden gezogenen goldenen Wagen mit goldener Deichsel über den Himmel und gehen dreimal pro Tag auf die Erde nieder, um der Menschheit ihre Wohltaten zu spenden. In zahlreichen Hymnen des Rig-Veda werden die Ashvins um Rettung und Heilung angerufen, als mildtätige Götter, die das Dunkel zerteilen, Krankheit, Not und böse Geister vertreiben – und unverhoffte Gaben schenken: »Ihr Ashvins, kommt auf eurer Rundfahrt bis zu uns, bringt Rinder und Gold, ihr Meister!«

Doch Götter erwarten Gegengaben, Opferungen, Geschenke, fromme Anrufungen, inbrünstige Gebete. Die Menschen dürfen dafür auch etwas erwarten. Wer gibt, dem wird gegeben. Ein »Lob des freigebigen Opferers« preist den spendablen Reichen: »Schöne Rinder, schönes Gold, schöne Rosse soll er besitzen.« Der goldaugige Gott Savitri, der in den Veden manchmal mit dem Sonnengott Surya verschmilzt, manchmal als »Antreiber der Sonne« bezeichnet wird, bringt »auf goldenem Wagen dem Opferspender die begehrenswerten Kleinode«. Er ist goldfarben, goldzüngig, goldhändig und erhellt mit seinem Glanz Himmel, Erde und die Atmosphäre.

Götter sind »Goldhaarige« und »Goldzahnige«. Körperteile, Waffen, Wagen der Götter – alles aus Gold. Und die Götter selbst sind »Goldgeber«, sie verschaffen dem opferfreudigen Menschen bevorzugt Gold. Viele Hymnen sind »An alle Götter« gerichtet: »Bei euch sind alle Herrlichkeiten und Kräfte, ihr Allwissende. Eure Radschienen am goldnen Wagen triefen von Süßigkeit, am goldnen Wagen, ihr Meister.«

So befindet sich die Menschheit in dauerndem goldenen Austausch mit der Götterwelt. Hundertfach funkelt das Gold in den heiligen Texten Indiens. Aber auch der Ursprungsmythos des Hinduismus ist eine Goldgeschichte – in Eiform. Laut diesem Mythos entstand die Welt aus einem goldenen Ei, »leuchtend wie die Sonne«, in dem der Schöpfergott Brahma, der »unbewegte Beweger«, während eines Jahres lebte. Mit der Kraft seines Gedankens bricht er die Schale des Welteis in zwei Hälften, macht aus der einen das Himmelsgewölbe und die Erde aus der anderen. Dazwischen fügen sich Luft und Wasser. Aus dem goldenen Ei kommt ein phantastisches Wesen hervor, das tausend Köpfe, tausend Arme, tausend Beine hat: die Lebewesen. Aus seinem Mund und aus seinen Gliedern gehen die Menschen und die Tiere hervor. Alles und jedes hat seinen Ursprung im goldenen Ei.

Alles für Buddha

Dass kostbare Lebenszeit das wahre Gold sei, haben weise Männer festgehalten: »Ein Tag Leben ist wertvoller als ein Berg Gold«, schrieb der japanische Einsiedlermönch Yoshida Kenkô (1283 bis 1350). Eine denkwürdige Position für einen Buddhisten, dem das Leben Quelle des Leidens ist und der danach streben muss, den Kreislauf der Wiedergeburten (Samsara) zu überwinden, um in die Leere des Nirwana zu gelangen. Vielleicht hat die Liebe zum Leben die buddhistische Vision Kenkôs für einen Augenblick getrübt, vielleicht erhellt.

Auf mehreren Reisen in Asien – Laos, Thailand, Vietnam, Kambodscha, Myanmar – fiel mir auf, dass selbst in ärmsten Landstrichen die Tempel, Pagoden, Stupas und Buddhastatuen weithin golden strahlen. Welche Orte und

Pilgerstätten sind mir am stärksten im Gedächtnis geblieben? Die winzigen goldenen Mühlen der Erinnerung mahlen ihr Korn. Die »Goldene Stadt« und Königsresidenz Luang Prabang im Norden von Laos mit der Vielzahl ihrer Tempel? Der liegende, geheimnisvoll lächelnde goldene Buddha im Wat Photharam in Bangkok unweit des Königspalastes? Sechsundvierzig Meter in der Länge misst er, fünfzehn Meter hoch ist er, auf der Seite ruhend, den Kopf in die rechte Handmuschel gestützt, die Beine parallel aneinandergefügt, mit hundertacht Bildsymbolen, die als Perlmutt-Intarsien in seine Fußsohlen eingelegt sind. Die Füße des »Goldenen« als heiliges Buch.

Der Liegende Buddha bedeutet den Eintritt des »Erwachten« ins Nirwana, die Befreiung von aller Unruhe des Geistes, das Verschwinden des Wünschens und Verlangens, das Verlöschen im Nichts. Den ultimativen Austritt aus dem leidvollen Kreislauf der Wiedergeburten, das endliche Loslassen der Welt. Aber in üppiger Vergoldung.

Oder die im Jahr 1383 gegründete Tempelanlage auf dem Berg Doi Suthep in Nordthailand, unweit der Stadt Chiang Mai? Mit einem golden leuchtenden Chedi in der Mitte, einem sechzehn Meter hohen glockenförmigen Monument mit Buddha-Reliquie im Innern und Dutzenden goldener Buddha-Statuen ringsum. Die Namen meiner beiden Söhne habe ich damals auf einen Goldstoff geschrieben, gegen eine kleine Spende wird das Band jeweils bei einer Zeremonie um das Chedi-Monument gewunden. Glück soll es bringen …

Aber die stärksten goldenen Eindrücke verdanke ich einer Reise nach Myanmar (Burma). Und natürlich der zwischen dem sechsten und dem zehnten Jahrhundert erbauten Shwedagon-Pagode in der früheren Hauptstadt

Yangon. Es ist der spektakulärste Sakralbau, den ich je gesehen habe, eine fast außerirdische Erscheinung, neunundneunzig Meter hoch über der Stadt golden erstrahlend. Sechzig Tonnen Gold sind hier verarbeitet worden, aber auch 5448 Diamanten und 2317 Rubine – wer hat sie gezählt – sollen auf der obersten Krone des Stupa angebracht sein, und 1485 Glöckchen aus reinem Gold. Legenden winden sich um jeden Stifter: Die Königin Shinsawpu soll im 15. Jahrhundert ihr Körpergewicht von vierzig Kilogramm in Gold für die Ausschmückung der Pagode gestiftet haben. Man glaubt sich in einem Märchen, wenn man auf der Marmorterrasse mit ihren zahlreichen Stupas und Schreinen steht. Shwedagon ist Nationaldenkmal und Glaubenszentrum für die Burmesen, die glühende Buddhisten sind.

Vier überdachte Aufgänge führen zu ihm hinauf, in den vier Himmelsrichtungen, den steilen Weg in Erinnerung rufend, der zur Erleuchtung führt. Steht man davor, erfasst einen ein Taumel: Als ob das Goldmonument selbstherrlich die blendende Essenz der Idee »Gold« verkörpern wollte. Oder die ultimative Loslösung von ihr. Vor allem in der Abenddämmerung, wenn die Lichter angehen, verströmt es seinen mächtigen unwirklichen Glanz. Ich habe noch nirgendwo eine solche geballte Goldversammlung gesehen. Fast sehnt man sich nach goldferner Ernüchterung.

Das burmesische Wort »Shwe« bedeutet übrigens »Gold«, und man trifft es im ganzen Land in unzähligen Namen von Klöstern, Pagoden und Ortschaften. Kein Land der Welt führt so viel Gold in seinen Ortsnamen wie das alte Burma. Und jeder von ihnen ist ein Verweis auf den Glanz von Buddhas Lehre und das ihm von den Burmesen in selbstverständlicher Frömmigkeit überall dargebrachte Gold. Es ist die sinnbildliche Substanz der Vergeistigung, gläubigen Hingabe, Erlösung.

Unglaubliche Mengen an Gold und Goldfolie werden verarbeitet, um den Erleuchteten noch heller leuchten zu lassen. Wo kommt all das Gold her? Von Spenden. Wer aber glaubt, nur Herrscher, Würdenträger und Vermögende hätten die Goldgaben gespendet, täuscht sich. Auch Menschen, die fast nichts besitzen und tief in ihren Alltagsmühen stecken, setzen alles daran, noch so geringe Stückchen Blattgold zu erwerben und zu spenden, um eine Buddha-Statue im nahen Tempel damit zu schmücken. Selbst das winzigste hergeschenkte Blättchen verhilft dem Spender zur Hoffnung, sein *Karma* zu verbessern, im nächsten Durchgang des ewigen Kreislaufs ein würdiges Leben zu führen.

Die Umgebung mag noch so ärmlich sein, in den Tempeln häuft sich das Gold, das die Gläubigen bei zahllosen Feiern beharrlich dorthin tragen. Oft gibt es in einer Tempelanlage Dutzende von Statuen Buddhas und Stupas, in denen Reliquien des historischen Buddha und seiner drei mythischen Vorgänger eingemauert sein sollen. Sie sonnen sich bescheiden in Unmengen von Gold. Selbst Gold zu besitzen scheint gar nicht erstrebenswert zu sein. Es dem Buddha zu schenken, ist Erfüllung eines in Armut gelebten Lebens. Erst das gespendete Gold ergibt Sinn. Indem man Gold hergibt, wird man frei von ihm, löst sich von seiner Last. Dem fremden Besucher mag es verwunderlich vorkommen, doch eine gewisse bizarre Schönheit verbirgt sich in dem paradoxen Ritual.

In der Stadt Mandalay, in der 78. Straße, wo die Goldschlägerwerkstätten sind, habe ich eine Blattgoldhämmerei besucht. Die in den Tempelanlagen allgegenwärtigen Goldblättchen werden von drahtigen jungen Männern in harter Muskelarbeit durch ständiges Behämmern des Goldes hergestellt. Die ganze Prozedur dauert sechseinhalb Stunden. Das Gold wird schonend in Hirschleder gepackt, eng geschichtet zwischen Bambuspapier, bevor der drei Kilo schwere Eisenhammer auf den zwischen den Beinen der sehnigen Handwerker schräg stehenden Amboss niedersaust.

Den ganzen Tag das rhythmische Klopfen des Hammers zu hören, muss einen irremachen. Dazu die äußerst ungemütliche, geknickte Körperposition der Goldschläger. Vielleicht werden Buddha nicht nur Goldblättchen, sondern auch Wirbelsäulen geopfert. Doch die Arbeit der Goldschläger gilt den Buddhisten als heiliges Handwerk, das den Beteiligten hilft, für ihr nächstes Leben Verdienste zu erwerben, die unbezahlbar sind. Die Blättchen sind hauchdünn, messen ein paar tausendstel Millimeter nur, kleben beinah an den Fingern, kaum hat man sie angerührt. Sie werden den Gläubigen in kleinen Blattgold-Spendenheftchen verkauft.

Das religiöse Zentrum von Mandalay ist die Mahamuni-Pagode im Süden der Stadt, die jeden Tag Tausende von Pilgern anlockt, und dort sieht man, was mit dem Blattgold geschieht. Die vier Meter hohe Buddha-Statue des »Erhabenen Weisen« ist von oben bis unten mit einer dreißig Zentimeter dicken Schicht bedeckt, die aus Abertausenden von kleinen Blattgoldstückchen besteht. Sie ist vor lauter Goldgaben dick und unförmig geworden, anders als die eleganten, wohlproportionierten Darstellungen Buddhas überall im Land. Das Gewicht des aufgeklebten Goldes wird auf mehrere Tonnen geschätzt. Das Anbringen von Blattgold ist geradezu eine Obsession der gläubigen Buddhisten. Jeden Morgen um vier Uhr waschen die Mönche das Gesicht der Statue, dann geht die beharrliche Blattgoldkleberei der herbeiströmenden Pilger in den neuen Tag und dauert zwölf Stunden lang.

Das dritte buddhistische Heiligtum Myanmars, das ich besucht habe, ist der »Goldene Fels« bei der Stadt Kyaiktiyo, hundertfünfzig Kilometer nordöstlich von Yangon: ein riesiger, in der Form an einen Menschenschädel erinnernder vergoldeter Granitfelsen, der in scheinbar unmöglicher, der Schwerkraft trotzender Position auf einem anderen Felsen steht, gekrönt von einem ebenfalls vergoldeten, fünf Meter hohen Stupa. Das wunderlichste Denkmal, das ich je gesehen habe. Ein Haar Buddhas soll der Legende nach den goldenen Brocken seit tausend Jahren im Gleichgewicht halten, so dass er nicht in die Schlucht hinunterstürzt … Goldenes Kunststück des Glaubens, sich so über dem Abgrund zu halten. Auf Lastwagen werden täglich Tausende von Pilgern über eine abenteuerlich gewundene Straße in rasanter Fahrt zum Wallfahrtsort auf den Berg verfrachtet, wo sie im orangeroten Abendlicht und im Nebel von unzähligen Kerzen und Räucherstäbchen um das seltsame, eindrückliche Monument herumgehen und ihre Gebete und Verneigungen verrichten.

Buddha selbst will kein Gold, wird aber damit überhäuft. Der indische Religionsstifter Siddhartha Gautama (563 bis 483 v. Chr.), den seine Anhänger *Buddha* (»der Erwachte«) nannten, war ein Sohn aus adliger Familie, der zunächst im selbstverständlichen Luxus lebte, dessen Weg sich aber gerade davon entfernte und durch Verzicht, Bedürfnislosigkeit und karges Leben in Demut auszeichnete. Er wird mit Gold und Blattgold monumental in einem aufragenden Widerspruch geehrt. Es bedeutet weithin leuchtende Armut und Absage an Gier und Versklavung durch unersättliches Wünschen.

Buddha selbst aber wird eine Aussage zugeschrieben, die den von ihm gewollten Umgang mit seinen Worten in Vergleichen aus dem Goldschmiedewesen veranschaulicht: »Mönche und Gelehrte dürfen meine Worte nicht aus Respekt annehmen, sie müssen sie aufgliedern und bearbeiten, wie der Goldschmied Gold bearbeitet – durch Sägen, Gravieren, Löten und Schmelzen.« Die Ausleger und Deuter der heiligen Schriften als inspirierte Goldschmiede. Die Arbeit am Wort – eine Goldschmiedarbeit. Wenn das keine Lektion ist.

Spirituelles Gold, die göttliche Proportion

Von den mittelalterlichen Kirchenvätern bis zur Popkultur der Gegenwart wird die Gabe des Wortes wie des schönen Gesangs mit Gold in Verbindung gebracht. Der Erzbischof von Konstantinopel und Kirchenlehrer Johannes Chrysostomos (344 bis 407 n. Chr.), dessen griechischer Name übersetzt »Goldmund« bedeutet, predigte so hinreißend, dass alle an seinen Lippen hingen. Selbstironisch behauptet der kanadische Sänger und Songwriter Leonard Cohen (1934 bis 2016), dessen nicht wirklich schöner, aber sonorer Brummelbass legendär ist, er sei mit einer »goldenen Stimme« geboren worden. In dem Song *Turm des Gesangs* (Tower of Song): »Ich bin ja so geboren, ich hatte keine Wahl / Mit dieser goldenen Stimme, die Gabe meiner Qual« (I was born like this, I had no choice / I was born with the gift of a golden voice). Gold im Mund, Gold in der Stimme: Natürlich ist damit nichts Metallisches gemeint, sondern metaphorischer Glanz. Auch der Gehörsinn lässt sich von Gold bezaubern.

Der Gesichtssinn bleibt dennoch der wichtigste, weil er sich so gern blenden lässt. Der Heilige Gral, der das Blut des sterbenden Christus aufgefangen haben soll, erscheint in Chrétien de Troyes' letztem, unvollendeten *Gral*-Roman (1190) als reich mit Edelsteinen verzierte goldene Schale oder Kelch. Der tumbe Parzifal versäumt es jedoch, im Schloss des Fischerkönigs die richtigen Fragen zu stellen, und das Rätsel um das goldene Gefäß mit dem kostbaren Inhalt muss ungelöst bleiben. Eine Lanze, von der ein Tropfen Blut tropft … die goldenen Kerzenleuchter, deren Glanz wie die Sterne bei Tagesanbruch verblasst, als schließlich der goldene Gral von einer schönen jungen Frau in stummer Prozession vorübergetragen wird: »Dann kam der Gral, an seinen Enden / Hielt eine Jungfrau ihn mit beiden Händen, / […] Doch als den Raum sie jetzt betrat / Den Dienern folgend, in der Tat / Blitzt von dem Gral, man glaubt es nicht, / So blendend helles großes Licht, / […] Der Gral voraus, und allen zeigt / Er feinstes Gold, drauf Edelsteine / So kostbar, wie es sicher keine / Gibt auf der Erde und im Meer: / So selten, vielfältig, so sehr / Ganz einzigartig wie der Gral.«

Chrétien, der bedeutendste französische Dichter des 12. Jahrhunderts, starb über der Arbeit am Roman, und das Geheimnis des Grals begann seine Reise durch die Jahrhunderte. Bei Wolfram von Eschenbach, seinem deutschen Verehrer und eigenständigen Nachahmer, mutierte er im *Parzifal*-Roman (1210) zu einem »reinen Stein«. Die Verbindung zum »Stein der Weisen«, den die Alchemisten endlich aufspüren wollten, liegt nahe. Sie werden hier noch ihren Auftritt haben …

Neben dem profanen Münzgold strahlte das abendländische Gold der Göttlichkeit also weiter fort im Mittelalter, in dessen kostbaren liturgischen Geräten und Gefäßen des sakralen Raumes, in Altären, Monstranzen, Reliquienschreinen. Während ich diese Zeilen schreibe, ist im Kunstmuseum Basel die Ausstellung *Gold und Ruhm. Geschenke für die Ewigkeit* zu sehen. Sie erinnert an ein gewaltiges Goldgeschenk des letzten Ottonenkaisers Heinrich II. an das Basler Münster und den Bischof Adalbero, vor genau tausend Jahren. Im Jahr 1019 stiftete der Kaiser einen prunkvollen Kirchenschatz: das Basler Antependium, ein mit antiken Gemmen und Edelsteinen verzierter Altarvorsatz aus 5,6 Kilogramm reinem Gold. In der Mitte steht Christus mit dem goldenen Weltapfel, umgeben von den Erzengeln und dem heiligen Benedikt von Nursia.

Die kostbare Goldtafel, das Prunkstück der ottonischen Goldschmiedekunst, war jahrhundertelang dem Hauptaltar des Basler Münsters vorgeblendet, blieb während der Bilderstürme der Reformationszeit in der Sakristei versteckt und wird heute im Musée de Cluny in Paris verwahrt. Mit der kostbaren Schenkung für das Münster bekräftigte der Kaiser die Bedeutung der Handelsstadt am Rhein, die zwischen dem italienischen Süden und dem deutschen Norden des Reiches ein wichtiges Scharnier bildete. Natürlich ging es nicht nur um kaiserliche Freigebigkeit, sondern auch um Machtpolitik. Gold macht Politik.

Gold strahlt auf byzantinischen Ikonen als Hintergrund der Heiligkeit, im Heiligenschein, in der Strahlenkrone, dem Nimbus, in der kreisförmig eine Figur umgebenden Aureole. Das Merkmal der Heiligkeit oder Göttlichkeit zu liefern war in der Ikonenmalerei exklusiv der leuchtenden Goldfarbe vorbehalten, nur sie vermochte den Rang der dargestellten Figur auf einen Blick kenntlich zu machen. Gold deutete auf das Jenseits des Christentums, das nach der Erlösung vom Dunkel der Sünde in Helligkeit, Herrlichkeit und Licht erstrahlte. Byzantinische Kunst, sei es in Ikonen oder Mosaiken, ist undenkbar ohne Goldfarbe und Blattgold. Die goldenen Mosaiken in Venedig und Ravenna leuchten bis heute.

Selbst wo die Darstellung von Menschen und Tieren wie im Islam mit einem religiösen Verbot belegt war, gab es eine Möglichkeit, Spiritualität mit einer Schreibflüssigkeit zum Ausdruck zu bringen: die Goldtinte – Goldstaub vermischt mit einer Lösung aus Gummiarabikum – der islamischen Kalligraphen, die Koran-Suren in kunstvoller Verschnörkelung darbrachten. Die Worte des Propheten in Goldtinte deuteten auf die Allmacht Allahs. Die 43. Sure ist dem problematischen Wesen von Goldschmuck gewidmet – Mohammed verbot den Männern, Gold und Seide zu tragen. Gold gehörte zu den Freuden des Paradieses: »Kreisen werden unter ihnen Schüsseln und Becher von Gold, die enthalten, was die Seelen ersehnen …«

Der Goldgrund der byzantinischen Ikonen rettete sich in die Malerei des Mittelalters, wo Gold zur Farbe des Himmels wurde, etwa in der *Verkündigung* des Sieneser Malers Simone Martini von 1333. Und der Goldgrund strahlt bis in die profane Malerei der anbrechenden Moderne im Wien der Jahrhundertwende, bis in den Jugendstil. Der dekorative Goldgrund in Gustav Klimts herrschaftlichen Gemälden (*Der Kuss; Danaë*, 1907-1908, usw.) zitiert noch im profanen Kontext den Goldglanz byzantinischer Pracht und einstiger Heiligkeit. So leuchtet im Wiener Belvedere mit Klimts von den Touristen vielbesuchtem *Kuss* eines der berühmtesten Gemälde des letzten Jahrhunderts.

Gold in der Malerei war aber oft suspekt. Leon Battista Alberti (1404 bis 1472), der italienische Kunst- und Architekturtheoretiker der Frührenaissance, wandte sich in seinem Buch *Über die Malerei* (1435) gegen die üppige Goldverwendung in der Malerei, die nur mangelndes künstlerisches Talent kaschiere. Goldgrund bedeutete für ihn rückständige, in sich verschlossene Ikonenkunst, die neue Kunst der Renaissance jedoch sollte sich öffnen auf Landschaften, Städte, größere Räume. Alberti propagierte Zentralperspektive, Schattenwurf, illusionistischen Realitätsbezug.

Goldgrund wurde in der Malereigeschichte oft mit dekorativer Oberflächlichkeit, Effekthascherei, religiösem Kitsch und Kunstgewerbe assoziiert und blieb für viele ernsthafte Künstler tabu. In der demokratischen Moderne ist das herrschaftliche Gold wie der sakrale Glanz ohnehin in Verdacht geraten. Viel zu schön, um wahr zu sein. In der bildenden Kunst ist Gold noch immer mit einem Tabu belegt, auch wenn es bewusste, oft ironische Übertretungen gibt, etwa die vergoldete Vogelscheuche mit dem Werktitel *Nevermore* (2009) des dänisch-norwegischen Künstlerduos Michael Elmgreen & Ingar Dragset. »Nie wieder« … nicht einmal das lässt sich mit letzter Sicherheit beschwören.

Die Malerei der Renaissance wusste nach Albertis Verdikt das Gold dezent und subtil einzusetzen. Das Mittelalter hatte die Bilder von christlichen Märtyrern gepflegt, die für ihren Glauben entsetzliche Martern auf sich nehmen. Bei dem in Venedig geborenen Renaissance-Maler Lorenzo Lotto (1480 bis 1557) aber, der als verkanntes Genie in Tizians Schatten stand, war das Bild einer

Märtyrerin willkommener Anlass, dem Betrachter ein schönes Frauenporträt vor Augen zu führen. Besonders attraktiv: das Bild der Heiligen Katharina von Alexandria von 1522. Die Märtyrerin ist reich geschmückt: Auf ihrem Kopf trägt sie die goldene Krone der Märtyrer, eine Perlenkette, die die gesammelten Tränen symbolisiert, windet sich elegant um die Zacken der Krone, in ihrem rechten Ohr trägt sie einen feinen goldenen Ohrring und am Ringfinger der linken Hand einen mit einem Edelstein besetzten goldenen Fingerring, der die mystische Vermählung der Heiligen mit Christus im Himmelreich symbolisiert.

Man könnte annehmen: eine Vertreterin der reichen Oberschicht in Bergamo, wo das Bild entstand, sich ihres Standes und ihrer Schönheit bewusst. Auf ihr Martyrium weist nur das von einem kostbaren grünen Brokatstoff halb verborgene Rad, das den zarten Körper zerreißen sollte. Als laut der Legende ein Engel das Folterwerkzeug zerschmetterte, wurde Katharina enthauptet, doch aus ihren Wunden floss nicht Blut, sondern die Milch des frommen Glaubens. Nicht das Martyrium, die grässliche Folter, zeigt Lorenzo Lotto dem Betrachter, sondern die alles überstrahlende Schönheit der Heiligen Katharina mit ihrem geschmackvollen Goldschmuck. Ein feiner goldener Strich um das Haupt markiert den Heiligenschein. Auch in der Renaissance war das spirituelle Gold, die Heiligkeit des Metalls, über jeden Zweifel erhaben.

Aber auch in einem profanen Sinne waren die Renaissance-Künstler keine Goldverächter. Der reichste Künstler aller Zeiten: Michelangelo Buonarroti (1475 bis 1564). In Diensten mächtiger Päpste baute er große Gotteshäuser, malte die Sixtinische Kapelle mit Fresken aus, schuf die berühmtesten Skulpturen wie den *David* und die Medici-Grabmäler in Florenz, die *Pietà* im Petersdom. Er war von extremer Sparsamkeit, oder besser: phänomenalem Geiz gegen sich selbst, seine Mitarbeiter allerdings soll er anständig bezahlt haben. Als er starb, war sein Haus in Rom fast leer, kaum Möbel, kaum Bücher, aber unter seinem Bett fand man eine Kassette mit zehntausend Golddukaten (ca. 30 Kilogramm Gold), er besaß Ländereien und Immobilien und gutgefüllte Bankkonten, nach heutiger Rechnung Millionen und Abermillionen. Steinreich, aber jedem Luxus abhold, fürstlich entlohnter Großkunst-Unternehmer, aber immerzu über Geldmangel jammernd. Melancholisches Künstlergenie ohne Lebensgenuss, aber als »göttlicher Michelangelo« Schöpfer schwindelerregender Meisterwerke, auch wenn er sie nicht immer vollendete. Auch er selbst war ein Produkt der komplexen, widersprüchlichen Renaissance-Epoche. In seinem Gedicht *So wie in Glut* (vgl. S. 172) vergleicht er sich selbst mit flüssig gemachtem Gold und träumt davon, »aus Flammen auferstehend« zum Himmel aufzufahren.

Die Idee von Schönheit und Harmonie ist oft mit Gold verbunden. Warum freut sich das Auge an gewissen Proportionen, die es auch in der Natur feststellen kann, in Blütenformen und im Wachstum bestimmter Organismen? Diese wohlproportionierte Schönheit haben sich Maler und Architekten nicht entgehen lassen. Was das Auge erfreute, musste göttlichen Ursprungs sein.

Der große Theoretiker des »Goldenen Schnitts« war ein italienischer Franziskanermönch und brillanter Mathematiker der Renaissance: Luca Pacioli (1445 bis 1514). Zwar spricht er noch nicht von der »goldenen«, sondern von der »göttlichen« Proportion, was bei der obligaten Vergöttlichung des Edelmetalls in der Menschheitsgeschichte dasselbe bedeutet. Pacioli verknüpfte in seinem Traktat *De divina proportione* von 1509, die von keinem Geringeren als dem mit ihm befreundeten Leonardo da Vinci illustriert wurde, die idealen Verhältnisse in der Natur direkt mit dem Schöpfergott, der also ein gutes Auge gehabt haben muss.

Aber der Mönch gilt auch als Erfinder des modernen Buchhaltungswesens, auch wenn er sich bei der 1494 dargestellten »doppelten Buchführung« auf Genueser Finanzexperten berufen konnte. Und das sind noch nicht alle Interessen des vielseitigen Franziskaners. Um 1500 schrieb er ein Buch über das Schachspiel und 1509 – eine Weltpremiere – ein Buch über Zauberkunst, mit mathematischen Scherzartikeln und diversen Zaubertricks samt Anleitungen.

Goldener Schnitt und Buchhaltung? Offenbar musste sich das nicht gegenseitig ausschließen. Pacioli schaute bei seiner einflussreichen Proportionenlehre Gott gleichsam über die Schulter in die Buchhaltung der Schöpfung. Auch die Natur beruht auf dem Zahlenwesen! Was also sind die idealen Proportionen? Das Verhältnis, das sich ergibt, wenn man eine Linie AB durch einen Punkt C so teilt, dass AB sich zu AC verhält wie AC zu CB. Die von AC eingenommene Strecke umfasst 61,8 Prozent, auf CB entfallen 38,2 Prozent. O zweifelhaft goldene Erinnerungen an die meist hemmungslos verträumten Geometrielektionen der Jugendzeit!

Paciolis Renaissance-Welt wurde vom Neoplatonismus geprägt, von der Wiederentdeckung des griechischen Philosophen belebt. Sein Nachdenken über die Macht der Zahl hatte antike Wurzeln. Platon (428 bis 347 v. Chr.) berichtet in seinem letzten Dialog *Timaios* von der »Weltseele« und der Entstehung des Kosmos, dessen auf Vernunft und Notwendigkeit gegründetem, durch strenge Zahlenverhältnisse geordnetem Bau. Schon sein Vorläufer, der Philosoph Pythagoras von Samos (570 bis 510 v. Chr.), hatte gelehrt, dass das Universum auf der Zahl beruhe.

Auch Schönheit scheint also mit der Zahl verknüpft zu sein, und die idealen Zahlenverhältnisse wurden naturgemäß mit dem Gold assoziiert, in der Malerei wie in der Baukunst. Dank des vielseitigen Franziskanermönchs Luca Pacioli, der dem Schöpfergott in die Buchhaltung schaute, begann der »Goldene Schnitt« die bedeutendste Etappe seiner Karriere. Auch Albrecht Dürer, der 1505 bis 1507 auf Venedig-Reise war, zeigte sich von der Proportionenlehre umgetrieben, sein Hauptwerk dazu, *Vier Bücher von menschlicher Proportion,* erschien postum in seinem Todesjahr 1528. Während die Maler und Mathematiker der Renaissance die göttlichen, also goldenen Proportionen erkunden, findet ein Ereignis statt, das die Welt grundlegend verändern sollte. Die Entdeckung Amerikas.

Der Götze der Sonnenlosen

Jede Goldgeschichte ist nicht zuletzt eine Geschichte der menschlichen Gier. Die Gier betrifft nicht nur Individuen, nicht nur mythische Könige, auch Nationen erliegen ihr. Die Geschichte ganzer Kontinente wird von ihr bestimmt. Der Aufstieg Spaniens zum Weltreich, aber auch dessen Niedergang, ist mit der Goldgier verknüpft. Die Eroberungen der Konquistadoren im 16. Jahrhundert gründeten auf einem gigantischen Phantasma: das Goldland *Eldorado* zu finden, unermessliche Goldvorkommen, jenseits des Vorstellbaren.

Eigentlich war Christoph Kolumbus (1451 bis 1506) eine bittere Enttäuschung, aber eine mit erstaunlichen Folgen. Nachdem die beneideten Portugiesen den Vorsprung erlangt hatten, als Vasco da Gama um das Kap der Guten Hoffnung segelte und Indien erreichte, wollte der Genueser Seemann Kolumbus für die spanische Krone den direkten Seeweg auf der Westroute nach Indien und China finden, wo nicht nur Gewürze und Seide, Perlen und Edelsteine lockten. Er entdeckte zwar 1492 auf seiner ersten »Indien«-Fahrt die Insel San Salvador, hielt sie aber für Japan.

Das wichtigste Buch, das er in seiner Schiffskajüte mit sich führte und allabendlich las, war Marco Polos Reisebericht *Die Wunder der Welt* über die von Venedig aus unternommene Fernostreise 1271 bis 1295. Das Buch wurde europaweit begierig gelesen, es gab zahlreiche Abschriften davon. Kolumbus' mit vielen Anmerkungen versehenes Exemplar existiert noch immer, es wird in der Kolumbus-Bibliothek bei der Kathedrale Santa María de la Sede in Sevilla aufbewahrt. Und Kolumbus ließ sich blenden und verführen vom geschilderten märchenhaften Reichtum ferner Weltgegenden. Marco Polo schildert das Land Cipangu (damals für Japan) – längst weiß man, dass der Kaufmann aus Venedig diese Insel nie besucht hat – in goldenen Worten: »Die Goldvorkommen auf der Insel sind unbeschreiblich reich. [...] Daher dieser ungeheure Besitz an Gold. Ich schildere euch den prachtvollen Herrscherpalast. Ich sage die reine Wahrheit: das Dach des riesigen Palastes ist aus purem Gold. Genauso wie wir für unsere Häuser- und Kirchendächer Blei gebrauchen, wurde hier Gold verwendet. Unvorstellbar, welcher Wert darin liegt! Die Fußböden aller Räume – und es gibt deren viele – sind aus mehr als zwei Finger dickem Gold. Die Säle, die Fenster, wohin man schaut, alles im Palast ist mit Gold geschmückt.«

Dem guten Kolumbus müssen beim Lesen solch phantastischer Dinge abends auf See die Augen geleuchtet haben, denn er war laut seinen Aufzeichnungen sicher, dass Goldbesitz den Seelen selbst noch den Himmel öffnen könne. Doch es gab ein Problem: Die Insel San Salvador, wo er sich befand, zeigte wenig Ähnlichkeit mit dem goldenen Cipangu alias Japan. Keine Golddächer und goldene Fußböden weit und breit. Also versuchte er es mit der nächsten Insel: Kuba. Dort gab es zwar viel Tabak, aber ebenfalls keine Dächer wie in Cipangu. Das bisschen Gold, das in Ringen die Nasen der Eingeborenen schmückte, tauschte er rasch gegen Glasperlen und farbige Mützen, aber der Durst nach mehr war geweckt. Noch während seiner vierten und letzten Reise wähnte sich Kolumbus in Asien. Er starb 1506 im festen Glauben, *Las Indias* entdeckt zu haben. Von da an wehten die Gerüchte von einem sagenhaften Goldland bis nach Spanien und machten dessen Könige irre. Alle faselten vom Eldorado.

Kolumbus' Auftraggeber, Isabella I. von Kastilien und König Fernando II. von Aragón, ließen beharrlich nach dem Goldland im Innern jenes fernen Kontinents fahnden. Die Geschichte der Menschheit wird von Legenden und Gerüchten angetrieben. *El Dorado* (Der Vergoldete) war zunächst kein Land, kein Ort und keine Stadt, sondern eine wichtige Person. Ursprünglich war es schlicht eine kolumbianische Legende: Der neue König des Muisca-Volkes in den Anden wurde nach Amtsantritt über und über mit Goldpaste bestrichen und mit Goldstaub besprüht, um dem Sonnengott ein Opfer zu bringen. Nachts fuhr er in die Mitte des Kratersees von Guatavita in der Nähe des heutigen Bogotá, um dort Gold und Smaragde als Opfergaben für den Sonnengott zu versenken. Dann sprang der neue König selbst in den See, und seine goldene Haut sank mit den Gaben auf den Grund.

Doch das ist nur eine der vielen Legenden um versunkene Goldschätze in Südamerika, die die Spanier zu Goldgier und Eroberungsgelüsten anstachelten und sie vor keinen Schandtaten und Massakern zurückschrecken ließen. Mal war Eldorado ein riesiger Goldtempel im Dschungel, mal war es eine im Urwald versunkene Stadt zwischen Amazonas und Peru. Die spanischen Goldphantasien waren die Triebfeder für die Eroberung des Kontinents. Sie brachten den Ureinwohnern Süd- und Mittelamerikas unermessliches Unglück und die Zerstörung ihrer mächtigen Reiche. Der Aztekenherrscher Moctezuma versuchte 1519/1520 in Tenochtitlan mehrfach, die Spanier unter Hernán Cortés durch großzügige Goldgeschenke dazu zu bewegen, sein Land wieder zu verlassen. Doch er bewirkte damit genau das Gegenteil: Jedes neue Geschenk stachelte die Gier noch mehr an. Cortés ließ Moctezuma eine zweideutige Botschaft übermitteln: »Ich und meine Gefährten leiden an einer Krankheit, die nur mit Gold geheilt werden kann.«

Zum Verhängnis trug auch der aztekische Glaube an die Wiederkehr des »weißen«, mit langem Bart dargestellten Schöpfergottes Quetzalcoatl bei, der laut dem Mythos angekündigt hatte, dereinst mit seinem Gefolge über das Meer nach Mexiko zurückzukehren. Waren die hellhäutigen Spanier vielleicht die bärtigen Vorboten des Rückkehrergottes? Hatte man ihnen gegenüber nicht vorsichtig und respektvoll zu sein? Auch die Ursprungs- und Endzeitmythen der Azteken förderten die Furcht. Sie teilten die Zeitalter in »Sonnen« ein, die jeweils in gewaltigen Kataklysmen untergingen, bevor eine neue Ära entstehen konnte. Die Konkurrenz unter den Göttern war groß. So war Quetzalcoatl, die »Gefiederte Schlange« und »Sonne der Vierten Ära«, vom Schicksalsgott Tezcatlipoca, dem »Herrn des Rauchenden Spiegels«, besiegt worden. Die Schutzgottheit der »Fünften Sonne«, unter der die Azteken zu leben glaubten, war Huitzilopochtli. Wenn nun Quetzalcoatl mit seinem bärtigen Gefolge sich ankündigte, bedeutete das nicht wiederum eine bedrohliche Endzeit?

Der Schock war gegenseitig. Als die Spanier im November 1519 die Hauptstadt Tenochtitlan mitten im Texcoco-See im Tal von Mexiko sahen, eine der größten Städte der Welt, trauten sie ihren Augen nicht: Noch nie hatten sie eine so prachtvolle Metropole samt Palästen, Tempeln, Märkten und einem Netz von Kanälen gesehen. Sie erschien ihnen – den kurzfristig bewaffneten Schweinehirten aus ländlichen Gegenden Spaniens – als atemberaubendes Wunder. Das Mirakel war durch das Zusammentreffen der ungleichen Mächte bedroht und verschwand bald aus der Welt. Cortés schaffte es, nicht zuletzt mit Hilfe der von den Azteken gewaltsam unterworfenen und zu enormen Tributzahlungen gezwungenen Nachbarvölker, diese großstädtische Hochkultur in kürzester Zeit zu Fall zu bringen. Und der Motor von allem: Gold.

So wie Hernán Cortés das Aztekenreich in Mexiko eroberte, so machte sich Francisco Pizarro 1532/1533 das Inkareich in den Anden untertan. Mit nur 177 Soldaten warf sich Pizarro in die Schlacht von Cajamarca, und die

Spanier hatten zunächst allen Grund zu zittern: Dreißigtausend – nach anderen Quellen siebzigtausend – bewaffnete Inka-Krieger standen ihnen am 16. November 1532 gegenüber. Nur durch List, Hinterhältigkeit, Verblüffung und Vertragsbruch gelangte Pizarro an sein Ziel. Er wollte vor allem eines: die riesigen Goldvorräte des Inkareiches. Der Vorwand, die »Ungläubigen« zum Christentum zu bekehren, war die Bemäntelung maßloser Gier nach Gold.

Die Ureinwohner Perus verstanden oft nicht, was die Spanier an diesem Metall so Besonderes fanden, sie standen ungläubig vor dem Phänomen der spanischen Gier. Der Schriftsteller Jakob Wassermann fing 1923 in seiner berühmten Novelle *Das Gold von Caxamalca,* die um die Gefangennahme und Hinrichtung des Inka-Herrschers Atahualpa kreist, dieses verständnislose Kopfschütteln glänzend ein: »Das Unfassliche, quälend in seiner Seltsamkeit, war, dass den Menschen hier das Gold, letztes Ziel und heißestes Begehren aller übrigen Menschheit, nichts bedeutete. Es war nicht Tauschmittel, nicht Besitzmittel, nicht Maß, nicht Merkpunkt, es bildete nicht den Antrieb zur Tätigkeit, es lockte nicht und peinigte nicht und machte keinen schlecht und keinen gut und keinen stark und keinen schwach. Man hätte meinen können: ist es nicht Gold, so ist es eben sonst ein Metall oder edles Element; aber dem war nicht so. Besitz war unter ihnen in anderer Ordnung geregelt als irgend sonst wo in der Welt, in einer märchenhaften und unsern Geist beunruhigenden Weise.«

Es lockte nicht und peinigte nicht … Was waren das für Menschen in Peru, die dem quälenden Reiz des Goldes so souverän gegenüberstanden? Als Atahualpa aufgefordert wird, sich mit Gold freizukaufen, versteht er zunächst nicht: Gold soll wertvoller sein als Freiheit? Dennoch lieferte er das Lösegeld von 5552 Kilogramm Gold und 11.822 Kilogramm Silber, die einen fünfzig Quadratmeter großen Raum einmal mit Gold, zweimal mit Silber füllen sollten. Doch die vertragsbrüchigen Spanier brachten ihn, den angeblich »gottlosen Heiden«, trotzdem um, erdrosselten ihn mit der Garotte. Selbst diese »gnädige Hinrichtung« hatte sich Atahualpa zu erkaufen: Dem qualvollen Tod auf dem Scheiterhaufen entging er, weil er sich kurz vor dem Ende noch taufen ließ. In seinem Glauben hätte im Falle des Verbranntwerdens die Seele nicht überlebt. Ihr aber galt es ein Fortleben zu garantieren.

Vor seiner Hinrichtung am 29. August 1533 bedauert der Inka-Herrscher Atahualpa die »Sonnenlosen«, die das Gold vergötzen, statt diese Verehrung der Sonne zukommen zu lassen. Nur das simple metallische Attribut, nicht den Gott selbst zu ehren, der alles zum Wachsen bringt und schützt – in den Augen des Inka eine ungeheuerliche Verirrung. Atahualpa zeigte auf die Sonne und sagte: »Euer Gott wurde von denselben Menschen getötet, die er erschaffen hat. Aber mein Gott lebt noch immer im Himmel und blickt auf seine Kinder herab.«

Schätzungen zufolge raubten die Spanier den Inkas um die 185.000 Kilogramm Gold und sechzehn Millionen Kilogramm Silber. Eine gigantische Beute. Und ein historisches Rätsel: Zehntausende bewaffneter Inka-Krieger konnten sich nicht gegen ein paar hundert Eindringlinge wehren, weil die fassungslose Verblüffung vor dem seltsamen Haufen der Goldgierigen – ihren Pferden, metallischen Rüstungen, Kanonen, Feuerwaffen, dem Geschützlärm und dem schwefligen Geruch des Schießpulvers – zu groß und lähmend war. Ja, die Überrumpelung durch das seltsame Tier, auf dem die Spanier ritten (kein Inka hatte je Pferde gesehen), die paar wenigen krachenden Kanonen, die auf Rädern gezogen wurden (die Inkas kannten das Rad nicht), aber auch der Rauch, der Gestank, der ungeheure Lärm, den sie produzierten, waren für die Inkas zu viel. Überrumpelung durch Verschlagenheit, Vertragsbruch und – Technologieschock. Das war das spanische Rezept, das schließlich Erfolg hatte. Die verheerendsten Invasoren jedoch waren unsichtbar: die von den Spaniern eingeschleppten Infektionskrankheiten, Pocken und Masern, die für die Ureinwohner tödlich waren. Die Historiker nennen ein erschreckendes Ausmaß der Dezimierung der eingeborenen Bevölkerung: Neunzig Prozent fielen dieser »unsichtbaren« Invasion zum Opfer.

Das in Südamerika zusammengeraffte Gold machte Spanien kurzfristig zum reichsten Land der Erde, verführte das Königreich jedoch auch zu Selbstüberschätzung, Verschleuderung der Ressourcen und sinnlosen Konflikten, die seinen Abstieg beschleunigten. König Karl V. führte endlos Kriege, allein gegen Frankreich dreißig Jahre lang, er wollte Italien und Rom und ganz Europa erobern. Doch Krieg ist teuer, die Söldnerheere wollten bezahlt werden, sonst meuterten sie oder liefen davon, um in die eigene Tasche zu plündern. Geschichtsbücher spekulieren, dass das ganze in gewaltigen Schiffsflotten aus Südamerika herbeigeschaffte Gold nie ausgereicht habe, auch nur annähernd Karls V. Schulden zu begleichen.

In Barockkirchen Spaniens und ganz Europas glänzt uns noch heute gestohlenes Inka-Gold entgegen. Und was ist mit dem berühmtesten Goldschmiede-Kunstwerk der Renaissance, Benvenuto Cellinis um 1543 für den französischen König François I. geschaffenem, prunkvoll goldenem Salzfass, der sieben Kilo schweren *Saliera* (26 cm hoch, 33,5 cm breit), Schätzwert: 50 Millionen Euro? Die goldenen Götterfiguren Neptun und Tellus, Meeresgott und Erdgöttin, sitzen einander in elegant zurückgelehnter Pose in einem Schiff gegenüber und bringen Salz und Pfeffer dar, in einem der für uns unvorstellbaren Kostbarkeit dieser Stoffe gerecht werdenden Gefäß. Ab 1570 war das Prunkstück in habsburgischem Besitz und wird heute wieder im Kunsthistorischen Museum in Wien gehütet, nachdem es 2006 einen spektakulären Diebstahl unversehrt überstanden hat. Die Herkunft des Materials? Mit hoher Wahrscheinlichkeit Raubgut, den Inkas gestohlenes Gold. Unschuldig sind auch die Höhepunkte goldverzierter europäischer Renaissancekunst nicht.

Die Azteken auf der Hochebene von Mexiko, die Maya auf der Halbinsel Yucatán und in Guatemala und die Inkas im Anden-Hochgebirge in Peru bewahrten hervorragende Goldschmiedekunst, als die Spanier einfielen. Als große Meister des Goldhandwerks in präkolumbischer Zeit vom 10. bis 12. Jahrhundert galten die Tolteken in Zentralmexiko und die Mixteken im südlichen Mexiko. Nur wenig davon ist erhalten geblieben, weil die Spanier die feinen Stücke sofort einschmolzen. Als rituelles Gerät und geheiligte Gabe zu Ehren der Götter geschaffen, als Sinnbilder der Sonne und ihrer Schöpfungskraft, hatten sie besonderen Wert – eingeschmolzen und auf bloßes Material reduziert, wurde Gold für jene Völker bedeutungslos. Für die Maya wie für die Inkas war ohnehin Jade der wertvollere Stoff.

In ihren Mythen kam dem Gold aber sehr wohl eine gewichtige Rolle zu. Gold bedeutete für die Azteken »Ausscheidungen der Götter«, für die Inkas: »Schweißperlen der Sonne«, also göttliches Exkrement und Körperflüssigkeit der Götter. So »physisch« wurde Gold gedeutet. In einem der Schöpfungsmythen der Azteken schuf der schwarze Gott Tezcatlipoca Menschen aus Gold. Eines Abends jedoch sagte der weiße Gott Quetzalcoatl: »Die Welt braucht deine Aufgeblasenen, deine Goldenen, nicht! Sie rühren keinen Finger und lassen die Tiere für sich arbeiten. Die rechten Menschen müssen sich das Leben durch eigene Arbeit verdienen. Solche Menschen werde ich erschaffen!« Die Menschen aus Gold hatten also keine lange Karriere im Mythos der Azteken. Sie waren es nicht wert. Nur solide Arbeit macht den Menschen zum Menschen, der trügerische Glanz des Metalls bringt sie bloß auf Abwege.

Gold wurde den Völkern Mittel- und Südamerikas zum Verhängnis. Maßlose Gier der Spanier verheerte einen ganzen Kontinent. Alle Goldversessenheit wurde von Englands bestem Dichter des 16./17. Jahrhunderts gegeißelt. Doch es gab auch eine begeisterte Stimme aus der Renaissance in Frankreich.

Ein Menschenfeind und Goldjubel

An vielen Stellen seiner Stücke lässt Shakespeare Gold aufblitzen, aber er lässt es nicht in hellem Licht erstrahlen. Er schwärzt es ein, vereint harsche Goldkritik mit der Entlarvung der Korrumpierbarkeit der Menschen. Die berühmteste Stelle hat uns ein verbreitetes Sprichwort geschenkt: »Es ist nicht alles Gold, was glänzt« (All that glisters is not gold) aus *Der Kaufmann von Venedig* (2. Akt, 7. Szene), in der Übersetzung August Wilhelm von Schlegels: »Alles ist nicht Gold, was gleißt, / Wie man oft Euch unterweist. / Manchen in Gefahr es reißt, /

Was mein äußrer Schein verheißt: / Goldnes Grab hegt Würmer meist.«

Romeo, der in Mantua Gift kaufen will, um sich nach Julias vermeintlichem Tod möglichst rasch auch selbst aus dem Leben zu befördern, sagt im Stück (5. Akt, 1. Szene) zum Apotheker und Giftmischer beim Bezahlen des gefährlichen Stoffs: »Da ist dein Gold, ein schlimmres Gift den Seelen / Der Menschen, das in dieser eklen Welt / Mehr Mord verübt als diese armen Tränkchen, / Die zu verkaufen dir verboten ist.«

Ein ganzes Stück Shakespeares, *Timon von Athen* (1608), beruht auf der Verdammung des Goldes, das die Menschheit korrumpiert, vermeintliche Freunde und mächtige Feinde insgesamt. Der angesehene, freigebige Bürger Timon wird von seinen untreuen Freunden enttäuscht und zieht sich nach seinem Bankrott als Einsiedler in den Wald zurück, wo er in einer Höhle haust. Er wird zum radikalen Menschenfeind, wünscht der gesamten Menschheit nur noch die Vernichtung. Als er beim Wurzelgraben auf Gold stößt, ergibt sich keine Wende zum Besseren.

Im 4. Akt, 3. Szene, findet sich eine bittere Gesamtdiagnose des glänzenden, die Menschen verderbenden Metalls, eine geißelnde Schmährede gegen das Gold (ich zitiere die klassische Übersetzung von Dorothea Tieck): »Du süßer Königsmörder, edle Scheidung / Des Sohns und Vaters! Glänzender Besudler / Von Hymens reinstem Lager! Tapfrer Mars! / Du ewig blühnder, zartgeliebter Freier, / Des roter Schein den heil'gen Schnee zerschmelzt / Auf Dianas reinem Schoß! Sichtbare Gottheit, / Die du Unmöglichkeiten eng verbrüderst, / Zum Kuss sie zwingst! […] O du, der Herzen Prüfstein.«

Die »Unmöglichkeiten verbrüdernd«, bares Paradox, ein Stoff des inneren Widerspruchs, aber auch »Prüfstein der Herzen«, der Schlimmstes zutage fördert und manchmal auch sein Gegenteil. Timon, der sich nach seinem sozialen Abstieg von der Welt zurückgezogen hat, will sein unverhofftes Gold nur noch dazu verwenden, die verhasste Stadt Athen zu zersetzen und zu Fall zu bringen. Er verdammt das Gold mit drastischen Worten (5. Akt, 1. Szene): »Entgegen tret ich euch. Oh, welch ein Gott / Ist Gold, dass man ihm dient im schlechtern Tempel, / Als wo das Schwein haust!« Schlimmer und schmutziger als ein Schweinestall also der Pseudo-Tempel, in dem der falsche Götze verehrt wird. Untreue, Falschheit, Schmeichelei und Gier werden in diesem Shakespeare-Stück mit einer Heftigkeit gegeißelt, die selbst für den furchtlosen Dramatiker aus Stratford außergewöhnlich ist.

Der empörte Einsiedler und Menschenfeind Timon vertreibt die falschen, gierigen Besucher – ironischerweise ein Dichter und ein Maler –, die glauben, sie könnten ihm Gold abluchsen. Schließlich setzt es sogar Prügel, als er die dreisten Störenfriede verjagt: »Fort! hier ist Gold; ihr kamt nach Gold, ihr Sklaven; / Für eure Arbeit nehmt Bezahlung: fort! / Du bist ein Alchimist, mach daraus Gold. / Fort, Lumpenhunde!« Aus Prügeln Gold zu machen – dazu bräuchte es schon einen besonderen Alchemisten. Shakespeare legt Timon von Athen, einer legendären Gestalt aus dem 5. Jahrhundert v. Chr., in einem kühnen Anachronismus den Satz vom Alchemisten in den Mund. Natürlich ist der Spott herauszuhören über die zeitgenössischen Alchemisten, die sich einbilden, Gold herstellen zu können.

Die Entstehungszeit des Dramas ist auffällig, sein historischer Hintergrund frappant. Am 13. Mai 1607 landeten erstmals nach Amerika ausgewanderte englische Kolonisten auf dem neuen Kontinent und gründeten die Siedlung Jamestown – so benannt zu Ehren von König James I. Das Land aber sollte Virginia heißen. Dort kam es zu der legendären Liebesgeschichte zwischen dem Abenteurer John Smith und der Indianerprinzessin Pocahontas, die als Vermittlerin auftrat, den Siedlern im ersten Hungerwinter Nahrungsmittel überbrachte, dann als Geisel gehalten und als exotische Indianerbraut nach England gebracht wurde, wo sie an einem Fieber starb.

Die schöne Legende von der friedlichen Koexistenz von Indianern und Siedlern hielt bekanntlich der harten historischen Realität nicht stand. Die Kolonisten, die es ihren spanischen und portugiesischen Vorbildern gleichtun wollten, wurden auf dem neuen Kontinent sofort vom Goldfieber gepackt, dachten nicht an Nahrungsmittelerzeugung und Vorsorge, wühlten kopflos in der Erde und drohten in Hunger, Seuchen und Elend unterzugehen, bis schließlich der Tabakanbau der Kolonie das Überleben sicherte. Virginia-Tabak erwies sich als tragfähiger als das Metall, der blaue Dunst solider als der Goldrausch.

Shakespeare hatte von der ersten, beinah in der Katastrophe endenden Ansiedlung der törichten Goldgierigen gehört. In seinem Stück spricht er als Menschenkenner von der Verblendung durch das glänzende Metall. Es ist ein heftiges Anti-Gold-Pamphlet. Also wäre *Timon von Athen* nur eine Porträtgalerie der Gierigen und Verkommenen, eine Parade der verderbten Menschheit? Das wäre zu simpel. Shakespeare schuf eine bescheidene, stille Gegenfigur: Timons treuer Diener Flavius bleibt ein anständiger, unkorrumpierbarer Mensch, der dem gestürzten Patron helfen will. Der Misanthrop muss einsehen, dass es wenigstens einen Aufrechten gibt unter den Schurken der Welt.

Als »Seelengift« und »Schweinegold«, als von Würmern durchwühltes Grab und als Lockstoff für »Lumpenhunde« also wird das Edelmetall bei Shakespeare denunziert. Er knüpft damit an die antike Verdammung des Goldes – bei Tibull, Properz, Horaz, Ovid, Vergil und Plinius – an. Und lässt in seinen Sonetten keinen Zweifel daran, dass es für ihn beständigere Dinge und solideren Stoff gibt als Gold. Was zum Beispiel? Das Dichterwort! »Kein Marmor und kein goldnes Fürstengrab / wird länger währen als mein mächtiges Wort« (Sonett 55, vgl. S. 177).

Es ist nicht die einzige Sicht auf das verführerische Metall in Shakespeares Epoche. Sein Zeitgenosse John Donne (1572 bis 1631), der *metaphysical poet,* der sich vom tollkühnen Erotiker zum verehrten Prediger und zur moralischen Autorität wandelte, lässt Gold auf vielfältige Weise glänzen. Das kann im zarten Liebesgedicht wie *Zum Abschied: Nur keine Tränen!* sein: »Unsre zwei Seelen – eine Einheit – / erfahren, muss ich gehen auch, / nicht Bruch, nur Dehnung bis zur Feinheit / von Blattgolds schwerelosem Hauch.«

Das unverbrüchliche Seelengold ist der feine Gegenpart von unverblümten sexuellen Goldvergleichen beim selben Dichter. Dem sehnsüchtigen Schmachten Petrarcas setzte John Donne ein handfestes Loblied der körperlichen Liebe entgegen, eine Feier des weiblichen Geschlechts und des Sexus. »Geschlechtslos sind nur Engel«, meint er, in dessen 18. Elegie (»Die Liebesreise«) rasch klar wird, welcher spezifisch weibliche Ort mit dem Gold assoziiert wird. Donne plädiert für »Erdung« der Liebessphären in »unterhalb« liegenden Regionen: »Amors Licht / suchst du in Himmelssphärn? Dort ist es nicht! / Er ist ein Höllengott, wohnt unterm Grund / mit Pluto, tief im Gold- und Feuerschlund.« Wenn Donne von der tiefen Goldmine des weiblichen Körpers schwärmt, überblendet er Gold und Geschlecht, Grazie und Begehren. »Es ist, wie unsre Seele, zum Lieben da – / wie sie der Liebe wert, unsterblich ja.«

Donne sakralisiert das Erotische, spricht es heilig, vergoldet es und verleiht ihm Unsterblichkeit. Das ist weit entfernt von jeder platonischen Liebe – lieber Pluto statt Plato?

Doch Donne ist nicht nur der besessene Erotomane, er kann voller Verehrung die reifere Frau in ihrer »herbstlichen Schönheit« preisen, in seiner *Neunten Elegie* (vgl. S. 178), wo das weibliche Gegenüber mit dem Goldenen Zeitalter verglichen wird, das aber nicht versunken und verschwunden sei, sondern noch immer andauere: »War nicht ihr Ursprung einst die Goldne Zeit? / Gewiss, doch blieb stets neu ihr Gold, bis heut.«

Es gibt mehrere Dichter in John Donne, was diesen Poeten so faszinierend macht. Schon vor seiner geistlichen Karriere als Prediger ab 1615 und als Dekan der Saint Paul's Cathedral in London war er ein großer Tröster. In seiner 1609 entstandenen *Elegie für Lady Bedford* für eine Schutzpatronin der Dichter, die um eine jung verstorbene Freundin trauert, gebraucht er Gold als Metapher für Beständigkeit und Treue der Freundschaft, der Redensart »Treu wie Gold« eingedenk, für bleibenden Wert über den Tod hinaus: »Wie nichts – kein Feuer, kein Rost – verzehren kann / ein Körnlein Gold; weil's endet, wie's begann, / wenn man's durch Wasser, Salz, Luft, Erde treibt / und endlos dehnt – nichts schadet ihm, es bleibt –: / so magst Du Dich legiern mit andern Sachen, / doch mindern kann Dich nichts, nichts anders machen« (deutsch von Michael Mertes).

Donne will die Hinterbliebene trösten und bestärken. Sie soll die Trauer überstehen, ihren eigenen Wert bewahren. Nach dem Tod der Freundin muss sie nun beide Wesen sein: »Du, die Du Sie und Du bist, also Doppelt-Sie«. Lady Bedford ist somit noch immer eins mit der Freundin, sie ist jetzt beide Hälften einer Ganzheit, »gepaart wie zwei Augen«, wie die Legierung zweier Metalle. Auch wenn das andere Ich-Metall durch den Tod abgelöst wurde, bleibt das überlebende Ich als reines Gold, das intakt und unvermindert die Trennung überstehen wird. So John Donnes tröstliche, aber komplexe Bildfügung.

War selbst Shakespeare noch befangen von der antiken Gold-Verachtung und Warnung vor den schlimmen Auswirkungen des hinterhältigen Metalls auf die Menschen, dringt doch eine markante Stimme aus der Zeit der Renaissance mit ganz anderen Tönen zu uns. Pierre de Ronsard (1524 bis 1585), der bedeutendste französische Dichter des 16. Jahrhunderts, schreibt 1555 eine hochgemute und brillante *Gold-Hymne* (vgl. S. 174/175), in der er sich vor lauter Lob des edlen Metalls fast überschlägt. So etwas hatte es zuvor noch nicht gegeben: »O glückliches Metall, das uns so glücklich macht – / Das Blut, der Nerv, die Kraft und Menschenlebens Pracht! / Wer dich verachtet, der hat dich noch nie erworben, / Geht unter Lebenden, als wär er schon gestorben …«

Motiviert war die Lobestrompete durch den Adressaten: Jean Dorat (1508 bis 1588), aus Limoges stammender Dichter, Humanist und Lehrer Ronsards. Der Name Dorat ist ein Pseudonym, eigentlich hieß er Dinemandi, aber der Name war Programm: Das französische Wort für Gold, *or* (von lateinisch *aurum*), verbarg sich hörbar darin, vergoldete innerlich den Namen des aus armem Elternhaus stammenden Gelehrten, der seine Zeitgenossen mit seinem Wissen und Gedächtnis zum Staunen brachte. Auf Lateinisch lautete der Name: *Auratus*, der »Vergoldete«. Ein Pseudonym, das nicht durch Bescheidenheit glänzt? Eher eine Herkunftsbezeichnung, denn durch seine Heimatstadt Limoges floss das Flüsschen *Aurence*, das so hieß, weil in dessen Sand einst Gold gefunden wurde.

Dorat war kein Auftrumpfender, er kümmerte sich nicht um Ehren und Nachruhm, verstreute seine gelehrten Poeme ohne Plan und Absicht. Aber seine Herkunft vom Goldflüsschen antiker Gelehrsamkeit wollte er nicht missen. Für den Nachruhm war Ronsard zuständig, dankbar gegenüber dem Lehrmeister, der ihm Griechisch, Latein und die Dichtkunst beigebracht hatte. Der Name, in dem sich Gold versteckte, war für Ronsard beste Gelegenheit, eine Gold-Hymne zu intonieren, um dem Wesen des Edelmetalls auf die Schliche zu kommen und dem verehrten Meister eine Hommage darzubringen.

Man muss allerdings auch die hintergründige Ironie im Lobgesang auf das »schönste der Metalle« mithören, der mit phantastischen Übertreibungen nicht geizt: »O unsrer ganzen Menschheit heiliger Glücksspeicher, / Zu Recht nennt man dich überall Sorgen-Verscheucher, / Du Lebensgeber, Notzerstäuber! Deine Fülle / Soll jederzeit mir Haus und Börse füllen, so mein Wille! […] Sag nie, das Gold sei nichtig, gar nichts wert, / Weil es für sich allein die ganze Menschheit nährt.«

Ronsard spricht nicht als Besitzender, sondern als Begehrender. Die Dichter zeichnen sich, schreibt er, durch Armut aus, auch Homer sei – schönes Paradox – »reich an Armut« gewesen. Umso phantasievoller klingt Ronsards Lob des Reichtums: »Wie vielfach der Gebrauch und kostbar das Metall! / Der Mensch lebt nicht von Luft allein im besten Fall, / Nein, Brot! Wein! Feuer braucht's, will er's richtig genießen, / Denn hunderttausend Freuden bringt nur Gold zum Fließen.«

Unter den vielen möglichen Freuden des irdischen Daseins pickt er sich das heraus, was den Gelehrten, also Dorat, am ehesten locken kann: der Bücherkauf! »Wärst du ein Wissender, wenn dir die Bücher fehlten? / Nicht

Musen liefern sie dem Dichter, dem beseelten, / Sondern das schöne Gold; man muss sie eben kaufen. / Geldlos zum Buchhändler wirst du vergeblich laufen.«

Dichter haben kein Gold, aber sie haben das Wort. Der beste Reichtum ist der, von dem man träumen darf. Das Gold der Träume ist mehr wert als alles. So ist Ronsards generöse Gold-Hymne auch eine Selbstvergewisserung des Poeten. Auch wenn Ronsard in derselben Hymne die Verschwender, Lasterhaften, Schlemmer und kopflosen Prasser geißelt – und ebenso heftig auf der Gegenseite: die krankhaft Geizigen –, sein Lob des noblen Goldes bleibt unumstößlich. Exzess schadet nur, der maßvolle Gebrauch findet in Ronsard seinen Advokaten: gelassener Lebensgenuss ohne Not und Sorgen.

Die Warner vor dem Gold sind in der Kulturgeschichte in der Überzahl, die erleuchteten Enthusiasten – eine rare Minderheit. Ronsard ist ihr Champion. Die Preisung des Goldbesitzes findet sich auch in Denis Diderots philosophischem Dialog *Rameaus Neffe* (1761), dort ist es allerdings der notorische Zyniker und schamlose Schmarotzer höchstpersönlich, der ausruft: »Nur Gold, nur Gold! Gold ist alles, und das Übrige ohne Gold ist nichts [...] Mein Sohn soll glücklich sein oder, was auf eins hinauskommt, geehrt, reich und mächtig. [...] Tadelt ihr mich, ihr andern Weisen, so wird die Menge und der Erfolg mich lossprechen. Er wird Gold besitzen, ich sag's Euch, und wenn er genug besitzt, so wird ihm nichts ermangeln, selbst Eure Achtung nicht und Eure Ehrfurcht.« Der erste Übersetzer des Werks, der den Text 1805 veröffentlichte, ist übrigens kein ganz Unbekannter. Er heißt: Goethe.

Nur ein schöner Zufall? Es ist auch das Jahr von Beethovens einziger Oper *Fidelio*, und auch dort erklingt weithin hörbar ein Lob des Goldes. Bezeichnenderweise nicht aus dem Mund eines Begüterten. Gemeint ist Roccos Gold-Arie im ersten Akt, 4. Auftritt. Handlungsort: ein Gefängnis in der Nähe Sevillas. Der Kerkermeister Rocco will seine Tochter Marzelline mit Fidelio vermählen – der aber in Wirklichkeit eine verkleidete Leonore ist, die Florestan, ihrem zu Unrecht eingekerkerten Mann, beistehen will.

Rocco glaubt zu wissen, was es außer der Liebe auch noch zum guten Leben braucht: »Hat man nicht auch Gold beineben, / Kann man nicht ganz glücklich sein; / Traurig schleppt sich fort das Leben, / Mancher Kummer stellt sich ein. / Doch wenn's in der Tasche fein klingelt und rollt, / Da hält man das Schicksal gefangen, / Und Macht und Liebe verschafft dir das Gold / Und stillet das kühnste Verlangen. / Das Glück dient wie ein Knecht für Sold, / Es ist ein schönes Ding, das Gold.« Roccos Bassstimme jubelt drauflos: »Es ist ein schönes, schönes Ding, das Gold, ein goldnes, goldnes Ding, das Gold, das Gold.«

Die liebende, mutige Leonore – unter der Maske Fidelios – protestiert, dass die Vereinigung zweier gleichgestimmter Herzen die Quelle des wahren Glücks sei. »O dieses Glück muss der größte Schatz auf Erden sein!« Leonore erwirkt schließlich die Befreiung ihres geliebten Florestan und beweist, dass es die Liebe ist, die Kerkermauern bricht, nicht das Gold. »Liebend ist es mir gelungen, / Dich aus Ketten zu befrein. / Liebend sei es hoch besungen: / Florestan ist wieder mein!« Eheglück hat mehr Gewicht als Gold, Leonore behauptet es Rocco gegenüber gleich zu Beginn. Beethoven gibt ihr in seiner Befreiungsoper recht, die sich gegen Unterdrückung und Machtanmaßung auflehnt. Das Gute siegt in der Oper, es braucht kein Gold dazu.

Alchemistenträume: Goldmacher auf dem Holzweg

Die Goldgewinnung, ob in Bergbau oder Flüssen, ist mühselig, das glänzende Metall gibt sich nicht einfach her, es ist und bleibt selten. Kein Wunder also, dass die Menschheit nicht nur wie König Midas die Goldvermehrung durch simple Berührung wünschte, nicht nur das Goldland Eldorado suchte und von märchenhaften Goldeseln träumte, sondern in gewissen Epochen auch nach Wegen fahndete, das wertvolle Metall endlich selbst herzustellen.

In modernen Zeiten hat fast nur die Karikatur des Alchemisten überdauert: Ein verschrobener, halbverrückter Besessener, der zwischen bizarren Glasgefäßen, Destillierkolben, Tontiegeln, Messingbecken und Eisenofen mit einem Blasebalg in den Händen vor einem Feuerchen steht, auf dem in einem Topf eine geheimnisvolle Substanz brodelt. Die Figur des Goldmachers in der Malerei des 16. und 17. Jahrhunderts war meist eine groteske Witzfigur, ein Tüftler, dessen wahnhafte Unternehmungen seine Gesundheit und seinen Wohlstand ruinierten und seine Familie ins Elend stürzten. Ein Gespött seiner Zeitgenossen. Pieter Breughel der Jüngere (1564 bis 1637) fing auf dem Gemälde *Der Alchemist* das verwirrende, Unheil versprühende Chaos eines Alchemistenlaboratoriums ein.

Der Sohn malte nach einer Federzeichnung seines Vaters, Pieter Breughel der Ältere (1525 bis 1569), der vermutlich ebenfalls ein einschlägiges Gemälde schuf, das aber nicht erhalten blieb. Die Federzeichnung von 1558, im Berliner Kupferstichkabinett aufbewahrt, ist detailversessener, wimmelnder, sarkastischer als das Gemälde des Sohnes. Breughels Alchemist sitzt an der Werkbank, wirft seine letzte Münze in eine Schüssel. Die angebliche »hohe Kunst« hat ihn ruiniert, der »Stein der Weisen« ist noch immer nicht gefunden. Seine Frau ist verzweifelt, sie schüttelt den Beutel, aus dem kein Geld mehr herausrollt. Der Haushalt ist in einem desolaten Zustand, im Raum herrscht das blanke Chaos. Die Gesichter spiegeln Entsetzen. Der Gehilfe des Alchemisten trägt eine Narrenkappe und drückt verbissen den Blasebalg. Ein Pseudo-Gelehrter sitzt am Lesepult, auf dem eine alte Schrift aufgeschlagen ist, wo über zwei Seiten gestreckt in Großbuchstaben die niederländischen Wörter »ALGHE MIST« erkennbar sind. Ein Wortspiel: Es kann auch »alles verpasst« und »alles ist Nebel« bedeuten. Die Kinder des Alchemisten suchen in einem Wandschrank vergeblich nach etwas Essbarem. Torheit und Gier des Alchemisten haben seine ganze Familie ruiniert. Im Hintergrund, in der linken oberen Bildecke, durch einen großen Mauerdurchbruch sichtbar, sind bereits die Folgen eingetreten: Die ganze Familie wird ins Armenhaus abgeführt.

Das glänzende Metall durch chemische Umwandlung der Materie (Transmutation) selbst herzustellen, aus unedlen Metallen wie Blei und Quecksilber edle wie Silber und Gold hervorgehen zu lassen, war nur einer der Träume der Alchemisten. Es gab mehrere Äste an dem einen Baum und durchaus große, glänzende Namen in der Schar. Was haben der Arzt Paracelsus, der Astronom Tycho Brahe, der Physiker Isaac Newton und der Dichter Goethe gemeinsam? Sie alle waren Alchemisten! Von ihrem Forschertrieb befeuerte Wissbegierige, die den Geheimnissen der Natur und der Materie auf die Spur kommen wollten. Sie wollten die »Ursubstanz« (prima materia) finden, aus der sich alles andere ableiten ließe. Die Wurzeln der Alchemie reichen ins spätantike Ägypten zurück.

Sie machten sich auf den Weg, den »Stein der Weisen«, das »Elixier« oder die »Quintessenz«, das »fünfte Element«, zu finden, um das letzte Geheimnis des Seins zu enthüllen. Die Alchemisten fahndeten nach der »vollkommenen Lösung« (solutio perfecta), es ging ihnen um die Vervollkommnung von Natur und Materie. Laut der Schwefel-Quecksilber-Theorie müssen die beiden geläuterten Substanzen so gemischt werden, dass daraus die perfekte Materie, das Rote Elixier, entsteht. Es gab eine ganze Reihe von notwendigen Operationen, Destillations-, Extraktions-, Verbrennungs- und Sublimationsprozessen, die sich in den vielförmigen, phantastisch geschwungenen Gefäßen abspielten.

Aber auch die illustrierten Handschriften der Alchemisten, die ab dem 14./15. Jahrhundert entstanden, waren gleichsam phantastische Bildgefäße voller staunenmachender Allegorien und trugen – um nur ein paar Hauptwerke zu nennen – so schöne Namen wie *Aurora Consurgens* (Aufsteigende Morgenröte, um 1410), *Donum Dei* (Gottesgabe, 2. Hälfte 15. Jh.) und *Splendor Solis* (Sonnenglanz, 1531). Im *Rosarium philosophorum* (um 1540), dem »Rosengarten der Weisen«, träumten sie – in stark erotisierten Abbildungen eines kopulierenden Paares – von der Vermischung des männlichen mit dem weiblichen Prinzip, der Vereinigung von *Sol* (Sonne) und *Luna* (Mond). Nach mehreren Liebesakten des bekrönten Königspaares wird ihr Kind geboren, der »Philosophische Merkur« wird es genannt, ihr Schwefel-und-Quecksilber-Kind. Es ging um die ultimative Vereinigung und Verschmelzung der Gegensätze. Aus zwei Prinzipien ein Drittes zu erschaffen ist das Naturgeheimnis, das die Alchemisten in der Retorte nachstellen wollten. Der Ofen ist der Mutterschoß, die Retorte ist die Matrix. Das klingt für moderne Ohren nach purer Phantastik, nach mystischem Bilderrausch und fabelhaften Parallelwelten. Aber die Bilddarstellungen und Allegorien haben ihre eigenwillige bizarre Schönheit bewahrt.

Die Alchemisten nannten sich »Adepten« einer Geheimwissenschaft, in die man »eingeweiht« werden musste. Und sie träumten von der letzten entscheidenden Operation, das begehrte »Große Werk« (opus magnum) zu verwirklichen, den »Stein der Weisen« zu finden. Am Ende sollte das Gold als erlösendes Metall in unvorhersehbaren Mengen hervorfließen, der lang gehegte Menschheitstraum sollte sich erfüllen.

Aber nicht nur das: Auch das Geheimnis ewiger Jugend, der Abschaffung des Alters, ja der Unsterblichkeit sollte sich endlich offenbaren. Die Wurzeln der Sehnsucht reichen weit zurück. In der griechischen Mythologie sind es die »hellsingenden Töchter«, die Hesperiden, die in einem herrlichen Garten einen Wunderbaum mit goldenen Äpfeln hüten, die den Göttern ewige Jugend garantieren. Herakles muss die goldenen Äpfel im Rahmen der ihm auferlegten zwölf Arbeiten pflücken gehen. Er schafft es auch, indem er Atlas, den Vater der Hesperiden, überlistet, der sie für ihn pflückt. Doch Athena hängt die goldenen Äpfelchen schließlich an den Baum zurück, weil die ewige Jugend einzig den Göttern zusteht.

Die Alchemisten wollten sich mit dieser Unerreichbarkeit nicht abfinden. Neben der Goldherstellung suchten sie auch ein Allheilmittel (panacea), das jede Krankheit und jedes Gebrechen aus der Welt schaffen und damit dauerhafte Jugendlichkeit gewähren sollte. Der alle Übel der Welt heilende Trank hieß *aurum potabile,* trinkbares Gold. Der berühmte Arzt Paracelsus (1493 bis 1541), der die Alchemie medizinisch nutzen wollte, schrieb: »Unter allen Elixieren ist das Gold das höchste und das wichtigste für uns. Das Gold kann den Körper unzerbrechlich erhalten, Trinkbares Gold erneuert und stellt wieder her.« Ging es letztlich nicht darum, Vergänglichkeit und Tod aufzuheben? Lauter fromme, mit dem Gold verbundene utopische Wünsche!

Auch in der Geschichte des Aberglaubens spielt Gold natürlich eine Rolle. In Georg Friedrich Mosts *Enzyklopädie der Volksmedizin* (1843) erscheint Gold sogar als Antidepressivum: »Gegen Tiefsinn, Schwermut, Melancholie und sonstige deprimierende Gemütsstörungen trägt man wohl auch ein Goldstück als Amulett in der Herzgrube, indem ein Loch hineingebohrt, ein seidenes Bändchen hineingeführt und dieses um den Hals gehängt wird.« Glauben macht selig … Aber Gold wird durchaus heute noch medizinisch genutzt, im Zahngold, bei der Herstellung von Herzschrittmachern, zur Heilung von Rheumakrankheiten.

Den hoffnungsfrohen Alchemisten wurde am Ende des 17. Jahrhunderts fast nur noch Geringschätzung zuteil. Zu sehr blieben ihre hochfliegenden Ambitionen und Verheißungen hinter den tatsächlichen Ergebnissen zurück. Zu oft hatten sie behauptet, kurz vor der Verwirklichung des »Elixiers« zu stehen, doch der »Stein der Weisen« schien sich immer wieder entziehen zu wollen. Es gelang ihnen einfach nicht, tatsächlich Gold herzustellen. Immer mehr wurde ihre »Kunst« in die Nähe der Hexerei und Zauberei gerückt, vielen Zeitgenossen erschienen sie als simple Scharlatane. Monumentales

Scheitern eines epochalen Unternehmens also, dessen gedanklicher Ansatz sich jedoch sehr viel später als nicht ganz so falsch herausstellen sollte, wie die Verspotter der Alchemie vermeinten.

Der Umgang mit den Chemikalien warf immerhin auch ein paar Ergebnisse ab, die nicht vorgesehen waren. Der Hamburger Alchemist Hennig Brand entdeckte 1669 das »kalte Feuer«, den in der Dunkelheit selbstleuchtenden weißen Phosphor, der später in Streichhölzern, in Düngemitteln und leider auch in verheerenden Brandbomben Karriere machte. Sein Ausgangsstoff war denkbar schlicht: eingetrockneter Urin. Doch selbst der kühle Mathematiker und Philosoph Gottfried Wilhelm Leibniz war von dem magischen neuen Lichtträger so verblüfft, dass er ihm ein Gedicht widmete: »Wer seine Natur nicht näher kennt, / Der fürchtet im Dunkeln, dass er brennt; / Indessen man kann ihn gefahrlos berühren, / Von seinem Feuer ist nichts zu spüren.« Leibniz schwärmt von der »Lebenskraft, gesucht von Weisen der Welt«, und mehr noch: »Sein Glanz nur zeigt, dass ihm Leben nicht fehle: / Ein Sinnbild ist er der glücklichen Seele!« Hennig Brand hatte tatsächlich einen lebenswichtigen Baustein von Pflanzen, Tieren und Menschen entdeckt: Phosphor findet sich in der DNA, in Knochen, Blut, in jeder Zelle …

Und noch ein Zufallstreffer. Johann Friedrich Böttger (1682 bis 1719), Alchemist am sächsischen Hof, konnte 1709 der Blamage entgehen, weil er August dem Starken wenigstens »weißes Gold« liefern konnte: Porzellan. Das Geheimnis kannten davor nur die Chinesen, jetzt entstand plötzlich die Möglichkeit, von den teuren Importen unabhängig zu werden: Die Porzellanmanufaktur Meißen war geboren, Porzellan wurde das nobelste Abfallprodukt der Alchemie. Der Fortschritt kennt eben schöne Umwege.

Im 18. Jahrhundert erlosch allmählich der Traum der Alchemisten durch das Vordringen der modernen Wissenschaft. Die »alchymische« Geheimlehre wich nach und nach der weltoffenen Wissenschaft, die auf Beobachtung und Empirie beruht, nicht auf mystisch verbrämten Vereinigungen. Doch allzu hochnäsig darf die moderne Chemie die fernen Phantasten alias Alchemisten nicht behandeln. Auch ihre Experimente schulden den »kolossalen Irrtümern« der Alchemisten mehr, als ihnen lieb ist. Hier die Überraschung: Die Alchemisten waren zwar auf dem Holzweg, aber sie hatten nicht ganz abwegige Vorahnungen. Die Umwandlung unedler Metalle in Gold war mit ihren Verfahren zwar unmöglich, weil sie einzig die Elektronenhülle der beteiligten Atome betrafen, aber im Prinzip nicht völlig undenkbar. Die aufgebotenen Energien waren nur millionenfach zu klein.

Erst moderne kernphysikalische Verfahren machten es im 20. Jahrhundert möglich, weil sie auf den Atomkern zielten. Die Wahrheit liegt im Kern, nicht in der Hülle. Es ist also durchaus möglich, chemisch Gold herzustellen. Kleines Rezept gefällig? In einem modernen Teilchenbeschleuniger, sei es beim CERN in Genf, sei es beim Helmholtzzentrum für Schwerionenforschung in Darmstadt, können elektrisch geladene Atomkerne, z.B. die des Zinns mit der Ordnungszahl 50, auf zehn Prozent der Lichtgeschwindigkeit gebracht werden. Erst dann wird die abstoßende Kraft anderer Atomkerne, etwa die des Kupfers mit der Ordnungszahl 29, überwunden, und damit eine Fusion möglich. Das Resultat wäre ein Kern mit 79 Protonen. Es wäre exakt das Metall mit diesem Namen: Gold.

Die moderne Kernforschung wird den Traum theoretisch realisieren können, die Praxis wird aber lieber darauf verzichten, weil sie sich dabei ruinieren würde.

Der Energieaufwand ist derart groß und unrentabel, dass jeder Nutzen zunichte gemacht würde. Also auch hier die Fortsetzung des alchemistischen Scheiterns. Weshalb die Menschheit doch wieder unter Tage in Goldbergwerken wühlt oder Gold in Flüssen wäscht.

Das Narrenschiff oder mystische Küsse

Misstrauen und Spott schlugen den Alchemisten schon im Mittelalter entgegen. Dante Alighieri (1265 bis 1321) versetzte sie in seiner *Göttlichen Komödie* zusammen mit den Falschmünzern und Fälschern in den achten Höllenkreis, wo im zehnten Graben auch die Sieneser Alchemisten Griffolino und Capocchio büßen: »Ich hab gefälscht mit Alchemie Metalle, / Und du musst wissen, so wie ich dich kenne, / Ich war ja der Natur ein guter Affe.« Die Maler des 17. Jahrhunderts stellten in ihren Darstellungen von düsteren Alchemistenhöhlen in satirischer Absicht auch ein Äffchen ins Bild, als Wink darauf, welche Verirrung es bedeute, die Natur übertrumpfen und vervollkommnen zu wollen. Wer die Natur nachäffen will, macht sich selbst zum Affen!

Zwei prominente Humanisten nahmen die Alchemisten in aufklärerischer Absicht energisch aufs Korn: Der Straßburger Jurist Sebastian Brant (1458 bis 1521) geißelte in seinem außerordentlich populären, vielfach nachgedruckten *Narrenschiff* von 1494 die schlimmsten Laster und Torheiten seiner Zeit in 113 Tiraden. Er war nicht nur Moralsatiriker, sondern auch ein schlauer Nutzer des neuen Buchdrucks in der Stadt Basel, wo er studierte, dann als Professor an der Juristenfakultät wirkte, bevor er in seine Heimatstadt Straßburg zurückkehrte. Er hatte erkannt, dass sich durch die Erfindung Johannes Gutenbergs samt Verwendung von Holzschnitten eine ungeheure Möglichkeit der Popularisierung nützlicher und entlarvender Dichtungen eröffnete.

Sein *Narrenschiff* war der größte literarische Erfolg vor Goethes europaweit verschlungenen *Leiden des jungen Werthers.* Als besonderen Trumpf hatte er einen Illustrator, der bald seinerseits ein Star werden sollte: den jungen Albrecht Dürer, der sich im Rahmen seiner Wanderjahre 1492/1493 gerade in Basel aufhielt. Seine Holzschnitte verstärkten die Massenwirkung, denn viele Zeitgenossen konnten gar nicht lesen und begnügten sich mit Dürers Szenen.

Die Nachdrucke des europäischen Bestsellers machten in zahlreichen Städten Furore und begründeten eine Tradition satirischer Narrenliteratur, die schmerzhafte Wahrheiten mit Geist und Witz enthüllen sollte. Natürlich bekommen bei Brant auch die Alchemisten ihr Fett weg: »Man spürt wohl in der Alchemei / und in des Weines Arzenei, / wieviel Beschiss auf Erden sei.« Dann legte er in der 102. Tirade *Von Fälschung und Beschiss* erst richtig los: »Betrüger sind und Fälscher viel, / die passen recht zum Narrenspiel: / falsch Lieb, falsch Rat, falsch Freund, falsch Geld, / voll Untreu ist jetzt ganz die Welt.« In der Liste der gerissensten Betrüger erscheinen auch die Alchemisten: »Damit ich nit vergess hierbei / den großen Trug der Alchimei, / die macht, dass Silber, Gold entsteht – / die man zuvor ins Stöcklein tät. / Sie gaukeln und betrügen grob …« usw. So mancher werfe sein Gut »ins Affenglas«, gemeint ist natürlich die Alchemistenretorte.

Als »außerordentliche Krankheit« und »Teil der menschlichen Misere« hat auch der bedeutendste Humanist der Epoche, Erasmus von Rotterdam (1467 bis 1536), die Alchemie gebrandmarkt, in seinem Werk *Vertrauliche Gespräche* (1518), seinem zweiten Meisterstück nach dem *Lob der Torheit* (1509). Es war genauso ein europäischer Bestseller, zu Erasmus' Lebzeiten kam es auf zweiundneunzig Drucke. Erasmus attackiert die Durchtriebenheit des Betrügers ebenso wie die Dummheit des Leichtgläubigen. Die Alchemie hält er für eine lächerliche Scharlatanerie und deren Adepten für schlichte Narren.

In dem Gespräch *Alcumistica* (Alchemie) erzählt ein gewisser Lalus (»Schwätzer«) dem Philecous (»Zuhör-Freund«), dass sein Bekannter Balbinus das Opfer eines windigen Priesters geworden sei, der ihn mit dem Versprechen, durch Alchemie gewaltige Mengen Gold herzustellen, beinah um sein ganzes Vermögen gebracht habe. Kaum hat der Priester von Balbinus den Vorschuss bekommen, um die Utensilien für seine »Kunst« zu kaufen, verjubelt er das Geld mit »Huren, Würfelspiel und Saufgelagen«. Er findet dauernd neue Schlaumeiereien, um dem Leichtgläubigen noch mehr Geld zu entlocken. Natürlich sieht Balbinus die Vorschüsse auf den versprochenen immensen Reichtum nie wieder, mit der Goldmacherei wird es leider nichts. Der Priester macht sich rechtzeitig aus dem Staub, und der Betrogene drückt ihm noch Reisegeld in die Hand.

Auch die deutschen Barockdichter waren angetrieben von den Goldträumen der Alchemisten. Ob Mystiker oder Erotiker, sie fahndeten nach dem Gold der Erfüllung. Der aus Breslau stammende Johannes Scheffler alias Angelus Silesius (1624 bis 1677) spricht in seinem *Cherubinischen Wandersmann* von »geistlicher Goldmachung«, einer spirituellen Alchemie (vgl. S. 182): »Dann wird das Blei zu Gold, dann fällt der Zufall hin, / Wenn ich mit Gott durch Gott in Gott verwandelt bin.«

Mystik und Erotik bildeten in jener Zeit oft ein merkwürdiges Amalgam. Der 1651 in Breslau geborene und 1689 in Moskau als Aufrührer und Ketzer lebendig verbrannte religiöse Phantast Quirinus Kuhlmann verbindet in seinem Gedicht *Der 41. Liebeskuss* seiner Sammlung *Himmlische Liebesküsse* (1671) eine goldene Kuss-Philosophie mit mystischen Verschmelzungswünschen: »Nimm einen Liebeskuss zum Zeichen meiner Hold / Und küsse ewig mich mit deinem Liebesgold: / Es müsse so viel Küss Dir noch das Glück vermählen / Als unser Wechselkuss will Wechselküsse zählen.«

In zahlreichen erotischen Gedichten der Barockzeit blitzt die Kunst des Goldmachens auf, es ist eine wahre Obsession. Die deutschen Barockdichter waren durchtriebene Erotiker. Die Propheten der »Wollust« beriefen sich auf ihren kompetenten Kollegen Christian Hoffmann von Hoffmannswaldau (1617 bis 1679): »Die Wollust bleibet doch der Zucker dieser Zeit, / Was kann uns mehr denn sie den Lebenslauf versüßen? / Sie lässet trinckbar Gold in unsre Kehle fließen / Und öffnet uns den Schatz beperlter Liebligkeit …« Die verliebten Dichter verknüpften das »trinkbare Gold« von Lust und gesteigerter Sinnlichkeit mit dem Allheilmittel des *Aurum potabile,* nach dem die Alchemisten forschten und das alle Gebrechen heilen und ewige Jugend schenken sollte.

Ein besonders extremes Beispiel der Gold-Obsession mit erotischen Untertönen stammt von dem 1609 im sächsischen Hartenstein geborenen, mit nur dreißig Jahren 1640 in Hamburg an einer Lungenentzündung verstorbenen Paul Fleming. Er war Arzt und ein großer

Reisender, der mit der Gesandtschaft des Adam Olearius 1634 bis 1639 Russland und Persien erkundete. In Reval verliebte er sich in Elsabe Niehusen, und als diese einen andern heiratete, verlobte er sich mit deren jüngerer Schwester Anna. Doch der frühe Tod durchkreuzte jeden Lebensplan. Einer der besten Liebesdichter deutscher Zunge war ein von der Liebe Verwundeter.

Es ist ein seltsames, hintergründiges Gedicht und trägt den Titel *An Chrysillen* (vgl. S. 179). Ist es wirklich ein Liebesgedicht oder Lob einer angehimmelten Frau? Im Namen der angesprochenen Frau versteckt sich das griechische Wort *chrysos* für »Gold«, man könnte ihn also mit »Goldmädchen« übersetzen. Geradezu delirierend »vergoldet« der Dichter die Reize dieser Frau, verschluckt sich fast am Gold: »Gold ist dein trefflichs Haar, Gold deiner Augen Licht, / Gold dein gemalter Mund, Gold deine schöne Wangen, / der Hals, die Brust, der Leib und was uns macht Verlangen, / Gold ist die Rede selbst, die deine Zunge spricht« …

Dass Jupiter/Zeus in Flemings Sonett auftaucht, ist ein Wink auf die erotische Biographie des Göttervaters. Der liebeshungrige Zeus verwandelt sich in einen goldenen Regen, um in Danaës Schoß zu gelangen. Gold als göttlicher Samen – als Sujet für die Malerei der Renaissance ein prächtiges goldenes Fundstück: etwa in Jan Gossaerts *Danaë* (1527; München, Alte Pinakothek) oder Tizians *Danaë* (1554; Madrid, Museo del Prado).

Die erotische Gold-Obsession der Barockdichter wird im Goldrausch von Flemings Gedicht *An Chrysillen* auf die Spitze getrieben. Das Wort kommt, das Eigenschaftswort »gülden« und den griechischen Gold-Vornamen eingerechnet, zwanzig Mal vor in den vierzehn Versen seines Sonetts, dessen fünfter jedoch unvollständig ist, das also eine Lücke oder einen merkwürdigen Webfehler aufweist. Es fehlt die andere Hälfte. Das Sonett zeigt auffällige Unregelmäßigkeiten – gerade dort, wo es zu erotisch zu werden droht. Ein Akt der Selbstzensur? Oder ein Spiel mit dem Leser, der aufgefordert ist, die Fehler zu erraten und im Geist zu reparieren?

Verschweigt die fehlende zweite Hälfte des fünften Verses einen weiteren goldenen Körperteil? Vielleicht Chrysillens weibliches Geschlecht? Der Reim geht auf »-icht«. Spekulieren erlaubt? Aber ja. Ein Vorschlag: »Gold ist dein Gärtchen schlicht« – um nur eine harmlosere Metapher als Platzhalter für den betreffenden weiblichsten Körperteil ins Spiel zu bringen. Was der dritte Vers noch wolkig mit »und was uns macht Verlangen« umschreibt, würde im fünften – aber nur diskret, also halbwegs – deutlich.

Flemings ironisch bis ätzend übersteigertes Lob der erotischen Ausstrahlung, eines weiblichen Goldes, »des Goldes Gold«, hat eine entlarvende Pointe. Spricht es nur von der Unnahbarkeit, Unerreichbarkeit der angeblichen Schönheit? Oder ist es eher die Verspottung einer käuflichen Liebe? Denn ganz am Schluss geht es plötzlich um Bezahlung, besser: Unbezahlbarkeit: »Wenn du dich hältst so hoch, als sich dein Wert beläuft, / so kann dich Niemand nicht, als du dich selbst bezahlen.« Die goldene Chrysille ist vielleicht schlicht eine Priesterin der Venus der oberen Preiskategorie. Kaum ist das weibliche Gegenüber mit sprachlichem Gold überhäuft, klebt Fleming hinterlistig ein Preisschild an den Schluss des Sonetts und lässt dessen Sinn kippen – von der Vergoldung in die Verspottung.

Ein weiterer Webfehler: Das letzte Wort »bezahlen« im zweiten Terzett reimt sich auffällig nicht auf das Wort

»Schätzen« im ersten Terzett, was es doch eigentlich tun sollte. Könnte man sich hier spekulierend ein anderes Reimwort als Ersatz denken, vielleicht »ergetzen« (ergötzen)? Der reparierte Vers könnte dann lauten: »So kann dich Niemand nicht, als du dich selbst ergötzen.« Das hypothetische »richtige« Reimwort entlarvt die einzig um sich selbst kreisende Auto-Erotik der mit so viel Gold assoziierten Gestalt.

Dass Fleming das Sonett mit dem falschen, plumpen Nicht-Reimwort »bezahlen« enden lässt, ist die hintergründige Pointe. Das Sonett ist ein besonderes Gedicht durch die Webfehler, die anzeigen, dass hier »etwas nicht stimmt«. Es kommt also nicht zur Paarbildung durch den Reim. Ungereimt meint hier: unverpaart bleibend. Das Golddelirium des Paul Fleming beschwört sarkastisch Allmacht und Abgrund des Sexus. Es verhüllt und enthüllt eine vom Makel befleckte Schönheit. Sie spiegelt sich im absichtsvoll »fehlerhaften« Sonett. Nicht nur die angesprochene zweifelhafte Schöne, auch Flemings Sonett ist ein Goldmädchen mit Webfehlern. Indem es die Falschheit entlarvt in seiner geballten Gold-Litanei, ruft es in Erinnerung, wie trügerisch der Reiz und die Attraktion durch das Metall ist. Hier wird Misstrauen gegen allzu golden glänzendes, verführerisches Gold gesät, auch in Liebesdingen. Der skeptische Fleming ist weit vom idealistischen Hölderlin entfernt, der in dem Gedicht *An Hiller* (1793) »der Liebe goldne königliche Frucht« beschwört. Er sah in ihr die »köstliche Reliquie des Paradieses«. Eine ganz andere dichterische Vergoldung als beim desillusionierten Barockdichter Fleming also. Gold brauchen beide als betörende Metapher für die Liebe – aber aus zweierlei Blickwinkel.

Dichter sind Erben der Alchemisten

Bei allem Scheitern hatten die Alchemisten dennoch Erben, die sich von ihnen inspirieren ließen: die Künstler, Maler, Dichter. Im Goldenen Zeitalter der holländischen Genremalerei liebten es die Maler, sich als Alchemisten darzustellen. David Teniers der Jüngere (1610 bis 1690) malte sein Selbstporträt als Alchemist, mit wissendem Blick und Glasgefäßen in den Händen. Die Maler, die mit Farbpigmenten an der Verwandlung der Materie arbeiteten, sahen sich als Geistesverwandte der Alchemisten. Ihre Ateliers voller bizarrer Utensilien unterschieden sich kaum von den Alchemistenhöhlen.

Auch die ersten modernen Dichter beriefen sich auf die Alchemisten, sahen sich als deren Nachfahren. Charles Baudelaire, der Dichter des epochalen und seinerzeit skandalträchtigen Buches *Die Blumen des Bösen* (1857), beschwört seine Tätigkeit, indem er die moderne Großstadt Paris und deren wimmelnde Phänomene anspricht: »O ihr, seid Zeugen, dass ich meine Aufgabe erfüllt habe / Als perfekter Chemiker und heilige Seele. / Denn ich habe aus allem die Quintessenz gezogen, / Du gabst mir deinen Dreck und ich habe daraus Gold gemacht« (Tu m'as donné ta boue et j'en ai fait de l'or). Noch aus der niedrigsten Materie das wertvollste Metall zu gewinnen – ein Nachhall auf die Träume der Alchemisten.

Völlig abwegig war die Beanspruchung des Erbes nicht. Die Alchemie ist ein Schöpfungsmythos, der künstlerische Schöpfungsakt darf sich durchaus als dessen Verwandter fühlen. Auch die Künstler betreiben ein Werk der Verwandlung, der Veredelung des Groben und Niedrigen zum höheren Metall der Kunst, das ewig währen soll. Hier sind wir in der Sphäre einer metaphorischen Goldherstellung durch die Dichter angekommen und auf deren ureigenes Gold gestoßen – die Poesie, das Gold der Gedichte.

Doch der moderne Dichter wird nicht unbedingt glücklich mit seiner Gabe. In seinem Gedicht *Alchimie des Schmerzes* (vgl. S. 196) bezeichnet sich Baudelaire als verzweifelte Midas-Gestalt, als Verwandten des »traurigsten der Alchemisten«. Der törichte König, der durch Berührung alles zu Gold machen wollte, verkörpert sich ebenso im Dichter wie die immerzu scheiternden Alchemisten. Dass sich die Wörter für »traurig« und »Alchemisten« im Französischen auch noch reimen, ist eine hintergründige Pointe (»Midas, le plus triste des alchimistes«). Ist nicht auch der Dichter der Moderne, der aus dem Dreck der Großstadt sein Gold schaffen will, eine tragisch scheiternde Figur? Baudelaire, der Heros der modernen Poesie – ein melancholischer Midas der Großstadt.

Sein jüngerer Dichterkollege Arthur Rimbaud (1854 bis 1891) beschwört in dem Abschnitt *Delirien II* seines Prosawerks *Eine Zeit in der Hölle* (1873) die »Alchimie des Wortes«, die große Verwandlungskunst der neuen »Adepten« alias der Dichter. Selbst das alchemistische Konzept des »trinkbaren Goldes«, das alle Krankheiten und den Zwang des Alterns heilen und beheben sollte, findet sich verwandelt in einem Gedicht des jugendlichen Genies: *Fernab von Vögeln, Herden, Dorfweltmädchen* (vgl. S. 202). Das Ich liegt auf Knien an einem Flüsschen, sieht fließendes Gold, das unerreichbar ist, das er nicht in sich aufnehmen kann: »Weinend sah ich Gold – und konnte nicht trinken.« Auch hier ein unabweisliches Scheitern.

Denn auch Rimbaud ist – wie Baudelaire – ein unglücklicher Midas, der zu verdursten droht, weil er das Gold-Getränk nicht trinken kann. Die ewige Jugend blieb ihm verwehrt, Rimbaud endete als abgehalfterter Waffenschieber, Kaffee- und Elfenbeinhändler, beinamputiert aufgrund eines Tumors im Knie, in Marseille, wo er mit siebenunddreißig Jahren unter entsetzlichen Schmerzen starb. Nach seinen trüben Abenteuern in Äthiopien und Somalia nie wirklich heimgekommen, sondern immerzu von der Ferne verlockt und gebannt. Die beschworene »Alchimie des Wortes« konnte ihn nicht heilen. Die modernen Dichter sind selbst noch im Scheitern späte Nachfahren der Holzweg-Alchemisten. Doch sie hinterließen deutliche Goldspuren – in ihren Gedichten.

Ein moderner russischer Dichter, Ossip Mandelstam (1891 bis 1938), schrieb 1913 ein merkwürdiges Gedicht mit dem Titel *Goldstück* (vgl. S. 216). Der durch Sankt Petersburg irrende Dichter gerät in einen lärmigen Kneipenkeller voll von bizarrem Personal, in dem er verzweifelt versucht, sein mitgebrachtes »Goldstück« in eine realere Währung zu wechseln, um seinen Hunger und seinen Durst zu stillen. Ringsum summt die »Theorie von fremdem Geld«. Doch es gibt kein erwünschtes Ergebnis für den Fremdling in dieser Umgebung, nur seine beharrlich vorgetragenen Fragen und einen abschließenden Imperativ: »Bitte sehr, können Sie wechseln? – / Frag ich den jetzt ins Gesicht – / Kein Papierchen! Abgewetzte / Rubelscheinchen mag ich nicht! // Was soll ich in diesem Haufen? / Wie bloß kam ich her, mein Gott? / Hab ich Rechte hier, ich brauch es – / Wechseln Sie mir doch mein Gold!«

Was kann das Goldstück anderes bedeuten als das Gedicht selbst, die schicksalhafte Gabe der Poesie, die der Dichter bei der Wirklichkeit, die als lärmige Kneipe gesehen wird, wechseln, einlösen will? Doch die völlig mit sich selbst beschäftigte unterirdische Wirrwarrwelt zeigt keinerlei Willen, dem Dichter das »Goldstück« zu wechseln. Seine Währung scheint hier nicht zu zählen. Er muss sie – die Gabe des Gedichts – wohl für sich behalten und auf die Stillung von Hunger und Durst verzichten.

Kein Dichter des 20. Jahrhunderts hat tiefgründiger und poetischer über das Gold nachgedacht als Rainer Maria Rilke (1875 bis 1926). Er ist der wahre Alchemist und Goldschmied in einer Dichtergestalt. Drei großartige Gedichte hat er geschaffen, um dem letztlich unverständlichen Drang der Menschen nach dem glänzenden Metall gedanklich beizukommen, um zu verstehen, was sie umtreibt in ihrem Durst nach Gold. Unmöglich, sie nicht alle drei in die Anthologie *Das Gold der Gedichte* aufzunehmen (vgl. S. 207-209). Keines ist verzichtbar.

Gibt es eine Art metallische Schwermut? Rilke scheint es in *Der Neuen Gedichte anderer Teil* (1908) zu suggerieren, in einem Gedicht, das den Titel *Das Gold* trägt und den Abgesang auf die Strahlkraft des Goldes anstimmt. Es spricht von einer »Zwang-Idee«, einer menschlichen Obsession, »dass ein Erz ist über allen Erzen«. Und es nennt einen geographischen Ort: *Meroë*. Die Goldträume der alten Ägypter tauchen aus der Erinnerung auf, das immerzu begehrte Königreich Kusch in Nubien (im heutigen Sudan) mit seinen Goldminen. Meroë war von 400 v. Chr. bis zum Untergang 350 n. Chr. dessen letzte Hauptstadt.

Die Melancholie der Spätzeit, der Erschöpfung, liegt über Rilkes Versen. Meroë ist im Gedicht ein utopischer Sehnsuchtsort, er bezeichnet eine äußerste Grenze jenseits der Wirklichkeit: »Weithin warfen sie aus ihren

Herzen / immer wieder Meroë / an den Rand der Lande, in den Äther, / über das Erfahrene hinaus.« Rilke beschwört das Begehren nach Gold, das Generationen übergreift. Er spricht von den Wünschen der Väter und den Enttäuschungen der Söhne. Was die einen ersehnt haben, erlangen die Nachfolgenden – zu ihrem Unglück.

Die Söhne, die das »Verheißene der Väter« einbringen, werden nicht froh damit. Verheert von Kämpfen und Kriegen um das Gold, kehren die Söhne zurück, geprägt von dem Grauen, das sie gesehen haben. Das Gold wird zwar vermehrt, doch dann nimmt es im Gedicht unversehens Abschied: »Wo es anwuchs eine Zeit, um dann / fortzugehn von den an ihm Geschwächten, / die es niemals liebgewann.« Die Menschen sind nicht stärker geworden durch das glänzende Metall, das nur Versehrte und Verheerte zurücklässt. Liebe ist nicht im Spiel, das Metall hat keine Gefühle. Das Gold liebt die Menschen nicht.

Aber es erscheint doch noch einmal, in ihren finalen Fieberträumen: »Nur (so sagt man) in den letzten Nächten / steht es auf und sieht sie an.« Gold ist Phantasma und Phantom, das ewig Ersehnte, Gesuchte, Geschürfte und dessen unheimlich wiederkehrendes Gespenst. Wenn das Ende kommt, stehen die Gescheiterten noch im Blick des unvergänglichen Goldes, das sie, die Vergänglichen, prüfend anschaut – und nicht umgekehrt.

Rilke beschwört beklemmend den Kreislauf des Gewinnens und Verlierens, des Aufstiegs und des Untergangs. Wie die Generationen der Väter und Söhne, so lösen sich auch die großen Reiche ab und verschwinden im Wüstensand. Imperien sind zerbrechlich, das Gold hatte ihnen die Ewigkeit nur vorgegaukelt.

Das zweite Rilke-Gedicht steht in den *Sonetten an Orpheus* von 1922. Es ist das Sonett 19 in deren zweitem

Teil: »Irgendwo wohnt das Gold in der verwöhnenden Bank«. Die Pole sind klar erkennbar: Bettler und Bank, Mangel und Reichtum in ihrer komplexen Wechselbeziehung. Auch hier gilt: Es gibt keine dauerhafte Erfüllung. Die Bank gaukelt Dauer vor, verfügbaren Luxus (»Seide, Nelken und Pelz«), darum wird sie »verwöhnend« genannt. Das Gold ist selbst handelnde Instanz, »und mit Tausenden tut es vertraulich«. Verdient es auch Vertrauen? Das Gedicht legt es nicht nahe. Der Einzige, dem vom Dichter paradoxerweise Kredit gegeben wird, ist der »Bettler«, der »Blinde«, der »Schweigende«.

Das Gedicht wünscht sich einen »Schauenden«, der den Goldtrieb und Betrieb zu durchschauen wüsste: »Dass doch einer, ein Schauender, endlich ihren langen Bestand / staunend begriffe und rühmte. Nur dem Aufsingenden säglich. / Nur dem Göttlichen hörbar.« Das Gold braucht also eine Stimme und ein aufnehmendes Ohr. Der »Aufsingende« könnte den Schlüssel zum geheimnisvollen Geschehen finden. Nur ein Dichter wäre dazu berufen. Oder die Urgestalt des Dichters und Sängers, Orpheus, der im Titel von Rilkes Sonettsammlung erscheint.

Das dritte Gedicht wurde am 5. August 1907 in Paris begonnen, vollendet wurde es erst im Spätherbst 1925 in Muzot im Wallis: *Der Goldschmied.* Es beschwört das pure Handwerk: den Goldschmied, den Menschen, der mit dem glänzenden Metall etwas anstellt, in es eingreift, es formt und verwandelt. Der Goldschmied ist der letzte der Alchemisten, der zwar das Metall nicht herstellt, aber aus ihm ein Werk der Kunst erschafft. Der Goldschmied wird hier zum Künstler schlechthin.

Albrecht Dürer war zuallererst gelernter Goldschmied, Sohn eines Goldschmieds. Vielleicht ist es kein Zufall, dass eine ganze Reihe von großen Künstlern der italienischen Renaissance – Donatello, Filippo Brunelleschi, Lorenzo Ghiberti, Benvenuto Cellini – ihre Karriere als Goldschmiede begannen. Der Letzte in der Reihe wurde sogar zum Hauptthelden einer Oper: Der französische Komponist Hector Berlioz schrieb 1838 seine erste Oper und gab ihr den Namen des berühmten Goldschmieds: *Benvenuto Cellini.* Eine Szene, in der ein Bote dem Künstler Gold vom Papst überbringt, damit er nur endlich den Guss seiner Perseus-Statue in Florenz vollende, hebt mit den Worten an: »Dieses Gold dir zu spenden …«

Rilke macht seinen Goldschmied zur überzeitlichen Künstlerfigur, und doch hatte er einen zeitgenössischen Goldschmied vor Augen, als er sein Gedicht 1925 endlich vollendete: den als selbstbewusstes Genie seiner Zunft geltenden Emil Lettré (1876 bis 1954), der nach Stationen in Wien, Zürich, Nizza und Paris im Berlin der »goldenen« zwanziger Jahre zwischen Charleston und Foxtrott Furore machte und dessen Lebensstil so exzentrisch war – er war stolz auf sein goldenes Kokainröhrchen – wie seine kühle Kunst voller Widersprüche. Für Rilke hatte dieser Star unter den Goldschmieden Manschettenknöpfe gefertigt und ihn für seine Kunst begeistert.

Das Gedicht behauptet kühn, dass das Gold nichts sei, solange es nicht geformt und geschmiedet werde, und dass dem stillen Handwerk jede Hast widerstrebe: »Warte! Langsam! droh ich jedem Ringe / und vertröste jedes Kettenglied: / später, draußen, kommt das, was geschieht. / Dinge, sag ich, Dinge, Dinge, Dinge! / wenn ich schmiede; vor dem Schmied / hat noch keines irgendwas zu sein / oder ein Geschick auf sich zu laden. / Hier sind alle gleich, von Gottes Gnaden: / ich, das Gold, das Feuer und der Stein.«

Hier wird eine beinah intime Beziehung des Goldschmieds zu seinem Metall beschworen, die Wechselseitigkeit des Handelns, das Ergreifen und Ergriffenwerden. Der Goldschmied spricht zum Gold, erteilt Befehle, ermahnt, befragt das glänzende Edelmetall nach dessen Willen: »Und das Gold, es scheint mit mir verständigt; / in der Flamme hab ich es gebändigt, / aber reizen muss ichs um den Stein. / Und auf einmal, um den Stein zu fassen, / schlägt das Raubding mit metallnem Hassen / seine Krallen in mich selber ein.«

Der Künstler bändigt sein Objekt nur scheinbar, nur halbwegs, er selbst wird von seiner Kunst gepackt und überwältigt. Auch anderswo beschwört Rilke, wenn er vom Künstler- oder Dichtertum spricht, diesen uralten Stoff: das Gold. In einem Brief vom 13. November 1925 an seinen polnischen Übersetzer Witold Hulewicz bezeichnet er die Dichter als »die Bienen des Unsichtbaren«, die »selbstvergessen den Honig des Sichtbaren« sammeln, um ihn »anzuhäufen im großen goldenen Bienenstock des Unsichtbaren«. Damit vereint sich das Bienenwesen mit der Verwandlung der Materie im Geiste der Alchemisten: Destillierkolben und »goldener Bienenstock« werden überblendet. Die Bienen vollziehen ihre natürliche Alchemie, wenn sie den Nektar zu Honig verwandeln. Der Dichter ist der Verwandler des Realen, schafft daraus das irreale Gold des Unsichtbaren. Poesie – das unsichtbare Gold, das erst im Geist des Aufnehmenden entsteht.

Dass die Surrealisten sich ausdrücklich auf die Alchemisten beriefen, erstaunt kaum. André Breton, der sich zeitlebens mit der Alchemie beschäftigte, betont in seinem *Zweiten surrealistischen Manifest* (1930), dass die »surrealistischen Forschungen« und das Bestreben der

Alchemisten »in ihrem Ziel bemerkenswert übereinstimmen«. Max Ernst, der innovativste, einfallsreichste unter den surrealistischen Malern und Bildhauern, beschreibt die von ihm zum Höhepunkt gebrachte Collage-Technik in seinem kunsttheoretischen Essay *Jenseits der Malerei* ausdrücklich als »alchemistisches Produkt«. Und was steht auf Bretons Grabstein auf dem Friedhof von Batignolles eingemeißelt? »Ich suche das Gold der Zeit« (Je cherche l'or du temps).

Wie König Midas in der Psychoanalyse Freud'scher Ausrichtung durch den von Ernest Borneman geprägten »Midas-Komplex« Karriere machte, so erfuhren die Alchemisten ein erneuertes Interesse durch Carl Gustav Jungs Schrift *Psychologie und Alchemie* (1944), die auf zahlreiche Künstler eine starke Wirkung ausübte. Jung, in dessen Bibliothek in Küsnacht sich zweihundert alchemistische Bücher befanden, verglich die spirituelle Suche der Alchemisten mit seiner Psychologie des Unbewussten, mit dem Individuationsprozess. Selbstwerdung als Goldgewinnung … natürlich wiederum in einem übertragenen Sinne. Denn Gold scheint eine Metaphernfabrik in sich zu tragen, es ist eine Einladung zur permanenten bilderreichen Selbstüberbietung.

Der Mann mit dem Goldhirn

Nicht nur die modernen Poeten von Baudelaire und Rimbaud bis zu den Surrealisten um André Breton waren von der Alchemie und den verwegenen Goldmachern fasziniert. Auch die Prosa-Autoren des 19. Jahrhunderts blickten gebannt auf das verführerisch glänzende Metall. Allen voran: Honoré de Balzac (1799 bis 1850). Er versuchte, das Gold in seiner schillernden Ambivalenz in das vielgestaltige Werk seiner *Menschlichen Komödie* einzubringen, das einundneunzig Romane und Erzählungen umfasst.

Gibt es eine dämonisch-erotische Dimension des Goldes? Lässt sie sich mit der Analyse und Kritik menschlicher Begierden erschließen? Balzac suggeriert es in einem seiner gewagtesten Romane: *Das Mädchen mit den Goldaugen* (1835). Gewagt, weil er – ein Skandalon in jener Epoche – die zerstörerische erotische Passion zwischen zwei Frauen schilderte: der Marquise von San-Réal und der außergewöhnlich schönen, in Havanna geborenen Paquita Valdès – sie ist das »Mädchen mit den Goldaugen«. Ein Dandy und erfolgsverwöhnter Verführer, Henri de Marsay, zerrüttet das Verhältnis der beiden Frauen, als er sich in die goldäugige Schönheit verliebt, die von der ihr verfallenen Marquise – wie sich herausstellt: der Halbschwester des Dandys – eifersüchtig in ihrem Stadtpalais eingesperrt wird. Die Entführung der Goldäugigen erweist sich als schwierig, und das Liebesdreieck wird mörderisch zerstört, als die eifersüchtige Rivalin die schöne Exotin vor den Augen des entgeisterten Henri de Marsay mit dem Messer mehrfach durchbohrt, in einem Blutrausch geradezu hinrichtet.

Das Gold in den Augen der ermordeten Schönen steht für die unwiderstehliche erotische Anziehungskraft der fremden Latina. »Es sind zwei gelbe Augen wie jene der Tiger; ein goldenes Gelb, das glänzt, ein lebendiges Gold, ein Gold, das denkt, ein Gold, das liebt und unbedingt in euer Beutelchen schlüpfen will!« Richtig gelesen? »Gold, das denkt, Gold, das liebt«? Personifiziertes Gold mit intellektuellen und affektiven Fähigkeiten? Balzac wuchert kühn mit seinem metaphorischen Schriftstellergold. Doch das Gold ist nicht auf die Augen der mysteriösen verführerischen Schönheit beschränkt. Im Prolog des Romans – es ist eine der berühmtesten Passagen von Balzacs Werk – entwirft er ein schonungsloses, detailliertes Sittengemälde, das keine Schicht der zeitgenössischen französischen Gesellschaft und keines ihrer Laster auslässt. Balzac zeigt das Gewühl und Gewimmel der Großstadt Paris, die in suggestiven Anklängen an Dantes *Inferno* als moderne »Hölle« charakterisiert und von zwei Prinzipien befeuert wird: der Gold- und der Vergnügungssucht. *L'or et le plaisir …*

Balzac hält einer Gesellschaft den Spiegel vor, die von Gold- und Machtgier beherrscht wird, wo man Frauen glaubt kaufen zu können wie eine Ware, wie verfügbare Sklavinnen, die in einem goldenen Käfig gehalten werden. Dass es in diesem Roman eine Frau ist, die über die Kerkerschlüssel verfügt, legt nahe, dass für Balzac die tyrannische und letztlich mörderische Besitzgier die Sexualität beider Geschlechter umfasst. Apropos »goldener Käfig«: ein bezeichnender sprachlicher Widerspruch, ein Bild von enthüllender Kraft. Der Kerker des Luxus, nutzloser Glanz, der keine Freiheit verheißt, sondern bitteres Eingesperrtsein im Überfluss.

Balzac ist der Erforscher menschlicher Triebe, die in den Tod münden. Der Titel einer der deutschen Übersetzungen von Balzacs phantastischem – sofort erfolgreichen, später mehrfach verfilmten – Roman *Das Chagrinleder* (1831) lautete geradezu: *Die tödlichen Wünsche.* Das Leder ist ein geheimnisvoller Talisman, ein Stück Eselshaut, auf dem in arabischer Schrift ein Pakt geschrieben steht: »Alles besitzt du, wenn du mich besitzt. Dein Leben aber wird mir gehören. So will es Gott der Herr. Wünsche dir was immer du willst, und deine Wünsche werden erfüllt werden. […] Mit jedem deiner Wünsche aber werde ich geringer werden wie deine Tage. Willst du mich? So nimm mich!« Was als Gottes Wille deklariert wird, ist eher ein Teufelspakt, und *Faust* ein nicht allzu ferner Verwandter des Romans. Der alte Goethe notierte am 11. Oktober 1831 in sein Tagebuch, es sei »ein vortreffliches Werk neuester Art«. Es muss ihn an irgendwen erinnert haben … Die Faszination war gegenseitig: Vermittelt durch den Romantiker Gérard de Nerval (1808 bis 1855), der seine *Faust*-Übersetzung 1827 als Neunzehnjähriger veröffentlichte, hatte Balzac genügend Zeit, Faust-Motive in seinen Roman zu verweben.

Der verarmte Raphaël de Valentin, der beim Glücksspiel sein letztes Goldstück verspielt hat, will sich in der Seine ertränken, wird von einer in Lumpen gekleideten Bettlerfrau abgehalten und verschiebt seinen Selbstmord. In einem Antiquariat erwirbt er von einem alten Händler, der ihn ausdrücklich davor warnt, mit dem Eselshaut-Talisman sozusagen einen ledernen Freipass für seine Wünsche. Doch das Leder schrumpft und wird geringer mit jedem seiner Wünsche und verfällt schließlich mit dem Ende seines Lebens. Jede Befriedigung eines Wunsches verkürzt die Lebenszeit, zersetzt die Lebenskraft. Die Logik ist merkwürdig, die Moral zweifelhaft. Wer nichts wünscht und begehrt, lebt ewig? Lebensintensität als wahres, langsam wirkendes Gift?

Raphaël wünscht sich Reichtum und Macht, Ruhm und gesellschaftlichen Erfolg. Alles scheint ihm in seiner Lebensgier zuzufliegen, doch die Eselshaut schrumpft fortwährend. Er wollte einst ein Werk mit dem Titel *Die Theorie des Willens* schaffen, jetzt ist er vorzeitig gealtert, von einer Krankheit gezeichnet, die kein Arzt erklären, geschweige denn heilen kann. Der dritte Teil des Romans, unter dem Titel *Die Agonie,* zeigt ihn bei dem verzweifelten Bemühen, nichts mehr zu wünschen, um seine Lebenszeit nicht noch weiter zu verkürzen. Der Beinah-Selbstmörder von einst klammert sich an den dünnsten, brüchigsten Lebensfaden. Er zieht sich aus der Welt zurück, um weiteres Wünschen zu vermeiden. Er erkennt, dass er nichts aus seiner magischen Eselshaut gemacht hat, dass das Glück sich nicht eingestellt hat. So stirbt er elend und verbittert. Das Chagrinleder, Sinnbild für die Lebenskraft, ist aufgebraucht. Balzac entwarf sich damit ein warnendes Selbstbild, denn auch der Schriftsteller wollte alles, und zwar rasch: Ruhm, Reichtum, Frauen.

Einer hat Balzacs *Chagrinleder* ganz bestimmt gelesen und für sich fruchtbar gemacht, gut dreißig Jahre später. Als Balzacs Roman in Paris Furore machte, war er noch nicht geboren: Alphonse Daudet (1840 bis 1897). Er schrieb 1866 eine der bizarrsten Erzählungen in der Kulturgeschichte des Goldes: *Der Mann mit dem Goldhirn.* Sie beginnt fast märchenhaft mit den Worten: »Es war einmal ein Mann, der hatte ein Goldhirn, ein Hirn ganz aus Gold.« Als er zur Welt kommt, glauben die Ärzte, der Junge werde nicht lange leben, so schwer ist sein Kopf und so riesig sein Schädel. Als Kind stößt er sich an allen Möbeln, oft fällt er hin. Einmal prallt er auf eine Marmorstufe, und sein Schädel »klang wie ein Goldbarren«. Man hält ihn zunächst für tot, stellt aber nur eine kleine Verletzung am Kopf fest, aus der zwei, drei Tropfen von geronnenem Gold hervorquellen. So erfahren die Eltern, dass der Nachwuchs ein Goldhirn hat. Fortan darf er nicht mehr draußen spielen, weil die Mutter eine Befürchtung hat: »Man würde dich bestehlen, mein Schatz!«

Als er achtzehn ist, verlangen die Eltern als Entgelt für ihre Mühe etwas Gold von ihm, und der Sohn bricht sich ein Stück aus dem Schädel, groß wie eine Walnuss. Dann zieht er in die Welt hinaus und beginnt seinen Schatz zu vergeuden. Das Chagrinleder-Motiv! Sein Goldhirn ist nicht unerschöpflich, er erschrickt über das große Loch, das er bereits in seinen Kopf gerissen hat. Ein vermeintlicher Freund bricht ihm noch ein Stück heraus, dann verliebt er sich in eine kokette junge Frau, »halb Vögelchen, halb Puppe«, die sich gern extravagant modisch kleidet. In ihren Händen »schmolzen die Goldstückchen dahin«.

Der Mann nimmt es gelassen, »lächelte voller Liebe dem kleinen blauen Vogel zu, der unschuldig sein Gehirn auffraß.« Nach zwei Jahren stirbt die Frau, seiner geliebten Toten bereitet der Witwer ein großartiges Begräbnis. Als er aus dem Friedhof tritt, bleibt ihm so gut wie nichts von seinem wunderbaren Hirn, »gerade noch ein paar Krümelchen an der Schädelwand«. Da sieht er in einem Schaufenster ein Paar blaue Satinschnürstiefelchen mit einer Borte aus Schwanenflaum. Er sagt lächelnd zu sich selbst: »Ich kenne jemanden, dem diese Schuhe große Freude machen würden.«

Er tritt ins Geschäft und kauft die Stiefelchen mit dem letzten Rest Gold, das er von seiner Hirnschale schabt. Dann bricht er zusammen. Keine Frau, kein Gold, kein Leben mehr. Es ist die tragische Geschichte vom allmählichen Verschwinden eines angeborenen Goldvorrats, vom Leben als unablässiger Verschwendung und Verausgabung. Letztlich geht es um das Abhandenkommen der Lebenskraft, für die das Gold im Hirn ein bitteres Symbol darstellt.

Daudet schiebt noch eine Art Moral hinterher über die »armen Teufel«, die »überall auf der Welt« leben und

»dazu verdammt sind, von ihrem Gehirn zu leben und noch für die unbedeutendsten Dinge ihres Lebens in feinem echten Gold zu bezahlen, mit ihrem Mark und ihrer Substanz.« Was wie die symbolische Schilderung der Selbstausbeutung des Künstlers erscheint, ist bei Daudet auch der autobiographische Reflex auf eine früh zerrüttete Gesundheit. Der zu seiner Zeit sehr erfolgreiche, heute fast vergessene Autor, der nicht mehr durch seine Romane, sondern nur noch durch kleinere Nebenwerke wie die *Briefe aus meiner Mühle* (1869) voller aparter Provence-Schwärmerei und die humoristischen *Wunderbaren Abenteuer des Tartarin von Tarascon* (1872) bekannt ist, zog sich schon 1858 als Siebzehnjähriger beim ersten Aufenthalt in der Pariser Bohème die Syphilis zu und damit ein Leiden, das ihn bis an sein Lebensende quälte.

Das Symbol des Goldhirns ist durchaus ambivalent, es deutet eine außergewöhnliche Begabung an, aber auch das fragile, allmählich geringer werdende Gut der Gesundheit. Angeborenes Genie und zersetzende Geschlechtskrankheit. Erholungsaufenthalte in Algerien und auf Korsika brachten nicht die erhoffte Linderung, die Erkrankung des Rückenmarks war eine Spätfolge der Syphilisinfektion, Jahre im Rollstuhl und schließlich völlige Lähmung ließen dieses Schriftstellerleben grausam enden. Erst postum, 1930, erschien das autobiographische Werk *Der Schmerz,* der Bericht über seine entsetzliche Leidenszeit. Der beschworene Goldvorrat im Gehirn war früh vergeudet und vertan.

Letzte Rückkehr zu Balzac und den Goldträumen der Alchemisten: Balzac war der Chemiker unter den Romanautoren. Kein anderer begeisterte sich so sehr für die Chemie wie er. Vielleicht ist die ganze *Menschliche*

Komödie ein chemisches Werk, Romankunst als Chemie, die von der gegenseitigen Anziehung und Abstoßung menschlicher Moleküle und von deren komplexen Verbindungen berichtet. Balzac las begierig die Werke des in der Französischen Revolution enthaupteten Chemikers Antoine Laurent de Lavoisier, besuchte fleißig die Chemie-Vorlesungen bei der Akademie der Wissenschaften in Paris, tauschte sich gern mit Wissenschaftlern aus. Frucht seiner chemischen Passion war der Roman *Die Suche nach dem Absoluten* (1834). Hier spürte Balzac dem Weg der modernen Chemie nach, die sich erst allmählich von der magischen Alchemie lösen konnte und sich zur modernen Naturwissenschaft entwickelte. Er schildert die krankhafte Besessenheit und verhängnisvolle Leidenschaft eines schrankenlos Forschenden. Der Chemiker Balthazar Claës sucht nach dem Urstoff, aus dem sich alles ableiten ließe, nach dem »Absoluten«, das der Romantitel benennt – zwar erinnert es an den von den Alchemisten gesuchten Stein der Weisen, doch Balzac ging es um die zeitgenössische Chemie. Durch den Dämon seines Forschertriebes ruiniert der Chemiker seine Familie und sein privates Glück und scheitert ebenso gründlich wie seine alchemistischen Vorläufer. Aus der Maßlosigkeit seines Forscherdrangs erfolgen Abstieg und Verfall.

Wenn Balzac der modernen Chemie auf der Spur bleiben will, so gab es auch unter den Schriftstellern der neuen Zeit dramatische Rückfälle in alte Illusionen. Ein besonders verbissener Nacheiferer der Alchemisten war der schwedische Romanautor und Dramatiker August Strindberg (1849 bis 1912), der sich laienhaften Experimenten hingab, um unter anderem Gold herzustellen. Er hielt Wasserstoff für das Urelement, aus dem alle anderen Elemente abgeleitet werden könnten. Das von

Mendelejew 1869 entwickelte Periodensystem der Elemente lehnte er als Humbug ab und wollte in alchemistischer Tradition beweisen, dass die verschiedenen Elemente Transmutationen unterworfen werden können. So viel anti-wissenschaftliche Verirrung oder Verrücktheit gab es also noch am Ende des 19. Jahrhunderts! Den Höhepunkt seines späten Goldmachertums erreichte Strindberg, als er durch Zufall aus Eisen und Schwefel sogenanntes Katzengold produzierte, nämlich Pyrit (auch bekannt als »Narrengold«), das er für echtes Gold hielt. Der exzentrische Schriftsteller, der unter Wahnvorstellungen litt, hatte vor, nicht als Autor, sondern als echter Goldmacher in die Geschichte einzugehen. Damit sind wir nach virtuellem Krypto-Gold, Betongold, Autobahngold, Katzengold und Narrengold in einer wahrlich phantastisch-märchenhaften Welt angekommen.

Märchenmetall glänzt am hellsten

Es gibt keinen Grund, Fabeln und Märchen als Kinderzeug abzutun. Sie enthalten unvermutete Wahrheiten von zeitloser Gültigkeit. In die Geschichten um das Gold ist oft eine Moral eingewoben, eine Anleitung zum vernünftigen Umgang mit dem seltenen Metall, dem die menschliche Phantasie mit offensichtlicher Ambivalenz begegnet.

Der griechische Dichter Äsop (um 620 bis 560 v. Chr.) ist der Urvater aller Fabeldichter der Weltliteratur. Seine Lebensgeschichte ist überwachsen von bunten Legenden. Eine davon besagt, dass eine goldene Schale zu seinem

Verhängnis wurde. In Phrygien als Sohn von Sklaven geboren, war er zunächst stumm, erhielt aber für eine gute Tat von der Göttin Isis Sprechfähigkeit und Wortgewandtheit. Er legt die Sklavenfesseln ab, erlangt die Freiheit, zieht als Wanderredner durch ganz Griechenland und kommt in Delphi ums Leben, nachdem er die Bewohner der Stadt durch eine allzu offenherzige Fabel beleidigt hat. Die Apollonpriester sollen ihm heimlich eine goldene Schale ins Gepäck gelegt haben, um ihn dann wegen Tempelraubes zum Tod zu verurteilen. Er wird auf einen hohen Felsen geführt und hinuntergestoßen. Doch der Fabeldichtermord bleibt nicht ungestraft: Die Delpher werden von einer Seuche heimgesucht und erfahren vom Orakel des Zeus, sie müssten für den Tod Äsops büßen.

Eine Fabel Äsops, *Die Gans mit den goldenen Eiern*, wurde von seinem fernen Nachfahr und Fabel-Erben, dem französischen Dichter Jean de La Fontaine (1621 bis 1695), einem Zeitgenossen des Sonnenkönigs Ludwig XIV., berühmt gemacht. Allerdings wurde bei ihm aus der Gans ein Huhn, nämlich *Das Huhn mit den goldenen Eiern* (vgl. S. 181). Die Botschaft kennt keine zeitlichen Grenzen, sie zielt noch auf unsere Epoche, auf Spekulanten und Gierige jeder Couleur. Der Besitzer des besagten Huhns, das ihm jeden Tag ein goldenes Ei legt, schlachtet es, um an den vermeintlichen Schatz in seinem Innern zu kommen. Die Moral: »Wer alles haben will, verliert oft alles! […] Wie viele gibt es doch von solchem Schlag, / Die arm geworden sind an einem Tag, / Weil sie in einem Tag zu Reichtum kommen wollten.« Ein Dummkopf ist, wer die Quelle seines Reichtums selbst vernichtet. Das geschlachtete Huhn wird nie wieder goldene Eier legen.

Die Märchen der Brüder Grimm stecken voller Träume vom Gold. Ob goldener Schlüssel oder goldene Feder eines Zaubervogels, ein goldenes Pferd oder die Jungfrau vom Goldenen Schloss, Goldmarie, Goldkinder, Sterntaler oder der bereits erwähnte Gold ausscheidende Esel – die Grimms sind die Goldmacher des Märchens! Am hellsten aber leuchtet jenes Märchen, das alle Träume vom Gold auf den Kopf zu stellen scheint: *Hans im Glück*. Was in anderen Märchen als schwer errungenes Ziel dargestellt wird, bekommt Hans gleich zu Beginn für seine sieben Jahre treuer Arbeit: einen »Klumpen Gold«, »so groß wie sein Kopf«. Im Verlauf des Märchens lässt er keine Gelegenheit aus, das Wertvolle gegen Minderwertiges einzutauschen und sich dabei bereichert und beglückt zu fühlen. Er tauscht den kopfgroßen Goldklumpen gegen ein Pferd, Letzteres gegen eine Kuh, diese gegen ein Schwein, eine Gans, zwei simple Feldsteine, die ihm ein Messerschleifer als angeblich beste Geldquelle aufschwatzt und die ihm schließlich auch noch abhanden kommen, als er an einem Bach ein Schläfchen macht. Am Ende kehrt er mit leeren Händen zu seiner Mutter heim und ruft aus: »So glücklich wie ich gibt es keinen Menschen unter der Sonne!«

Das Märchen stellt in seiner verrückten Heiterkeit denjenigen als glücklichsten Vertreter der Menschheit dar, der das begehrte Metall so rasch wie möglich wieder loswird. Die Befreiung von Besitz ist der Weg zum Glück. Ohne Gold zu leben, so die paradoxe Pointe des Grimm-Märchens, bedeutet den höchsten Reichtum, das erstrebenswerteste Glück. So knüpft der vom Gold befreite Hans an den griechischen Philosophen Demokrit von Abdera (460 bis 370 v. Chr.) an: »Glück wohnt nicht im Besitz und nicht im Gold, Glück hat seine Behausung in der Seele.« Aus der Überwindung der Gier nach Gold wird Weisheit abgeleitet. Glücklich der, der keines hat.

Ebenso heiter, aber auch komplexer, ist Goethes *Mär-*

chen aus den *Unterhaltungen deutscher Ausgewanderten* (1795). Es ist das erste Kunstmärchen der deutschen Literatur, eingebettet in die Erzählungen, mit denen sich eine vor den Auswirkungen der Französischen Revolution geflohene Gruppe von Exilanten in der neuen Zeit zurechtfinden will, einer Zeit, die von Gewalt und Vertreibung geprägt ist. In dem *Märchen* voller seltsamer Begegnungen und rätselhafter Vorgänge geht es um Brückenschläge, Wiedererlangung des Lebens und des Lichts, der Liebe, der Freiheit, des Gesprächs.

Ein Fährmann, der mitten in der Nacht von zwei »Irrlichtern« aufgefordert wird, sie über den Fluss zu setzen, wird mit »vielen glänzenden Goldstücken« bezahlt, die in den Kahn prasseln, doch der gute Mann ist unzufrieden mit der maßlosen Überbezahlung: »Ums Himmels willen, was macht ihr? rief der Alte. Ihr bringt mich ins größte Unglück!« Er will nur mit den »Früchten der Erde« bezahlt werden und setzt seinen Preis fest: »Drei Kohlhäupter, drei Artischocken und drei große Zwiebeln«. Gemischtes Gemüse also statt Goldstücke!

Noch einmal, wie im Grimmschen Märchen, bedeutet Gold Gefährdung und Unheil. Der Fährmann hat es eilig, das »gefährliche Gold« loszuwerden und kippt es in eine Kluft zwischen hohen Felsen, wo eine »schöne grüne Schlange« wohnt. Sie verschlingt die Goldstücke, schmilzt sie in ihren Eingeweiden ein und wird »durchsichtig und leuchtend«. Es gibt natürlich zwei Liebende in der Geschichte, einen edlen Jüngling und die schöne Lilie, die nach einigen Zwischenfällen und nach dem kurzzeitigen Tod des Jünglings zueinander finden. Doch das ist fast schon nebensächlich, weil erwartbar.

Besonders auffällig: die überbordende Präsenz der Worte »Gold« und »golden« in dem Stück. Es ist das am stärksten »golddurchwirkte« Werk Goethes. Nicht weniger als vierunddreißig Mal blinkt es auf. Das edle Metall beherrscht geradezu das Wunderhafte allen Geschehens, doch immer gibt es noch etwas, das bedeutender ist als Gold: »Wo kommst du her? – Aus den Klüften, versetzte die Schlange, in denen das Gold wohnt. – Was ist herrlicher als Gold? fragte der König. – Das Licht, antwortete die Schlange. – Was ist erquicklicher als Licht? fragte jener. – Das Gespräch, antwortete diese.« Dass die Schlange auch noch sprechen kann, ist für das Märchen selbstverständlich, genau wie der Tod unwirksam ist.

Der kurze Dialog spannt einen Bogen der Steigerung, vom Wertvollen zum noch Kostbareren. Vom Gold zum Licht, ohne das es kein Leben gibt, und dann zum Gespräch – dadurch wird das Leben erst lebenswert. Es geht um Brückenschläge zwischen den Lebewesen, und die grüne Schlange wird sich am Schluss in einem Akt der Selbstopferung in eine Brücke verwandeln, die zwei Ufer dauerhaft miteinander verbindet. Die in der Bibel und in vielen Mythen negativ besetzte Schlange ist hier nicht Symbol der Verführung, Hinterhältigkeit und Bosheit, keine satanische Inkarnation wie in der Geschichte von Adam und Eva, sondern ihre Verbindung zu den »Klüften«, dem Erdinnern und dessen Goldvorkommen, ist als weit archaischere Schicht präsent. Im Gegensatz zu ihrem generell schlechten Ruf ist sie hier die »wohltätige Schlange«, die Brückenbauerin, ein Symbol für Aufopferung, Großzügigkeit, Zuwendung zu den Lebenden. Goethes *Märchen* endet in Jubel und Heiterkeit, Glück und Entzücken. Die traurigen Exilanten der *Unterhaltungen deutscher Ausgewanderten* werden es mit Erleichterung gehört haben. Ein Märchen voller Gold und Licht erhellt ihre Gemüter.

Die geheimnisvollen Schlangen hatten Saison. Auch in E.T.A. Hoffmanns romantischer Novelle *Der goldne Topf* (»Ein Märchen aus der neuen Zeit«, 1814) erscheint eine bezaubernde »goldgrüne Schlange«, Serpentina, in die sich der Student Anselmus verliebt. Sie ist die Tochter des Zauberers und Archivarius Lindhorst, der eigentlich ein Erdgeist und Salamander ist. Nach mancherlei Bedrohung gibt es auch hier ein Happy End, die seligen Liebenden werden ins sagenhafte Atlantis versetzt. Gold – das Wort erscheint über fünfzig Mal in der Novelle – wird als »Urkraft der Erde« bezeichnet. Und der goldene Topf? Ist Serpentinas Mitgift, er steht symbolisch für das Reich der Phantasie und deren Wunder: »Und Du wirst die herrlichen Wunder des goldnen Topfs schauen und glücklich sein immerdar.«

Gold ist eine glänzende Ablenkung. Im griechischen Mythos hat die Jägerin Atalante ewige Jungfräulichkeit geschworen – es sei denn, ein Bewerber um ihre Gunst würde sie im Schnelllauf besiegen. Natürlich scheitern viele und werden von der grimmigen Jägerin getötet. Da braucht es einen Trick, um diesem Schicksal zu entgehen. Der schlaue Melanion bittet die Liebesgöttin Aphrodite um Unterstützung: Sie gibt ihm drei goldene Äpfel, die er während des Laufes fallen lassen soll. Atalante bückt sich nach ihnen, vom goldenen Glanz der Äpfel verführt und betört – und verliert den Wettlauf. Wer die Liebesgöttin auf seiner Seite hat, bekommt drei goldene Lösungen in die Hand.

Ob *Hans im Glück* oder Goethes *Märchen*: Es gibt eine Weisheitslehre, die sich aus Goldfäden spinnt. Weisheit ist die beste der möglichen Steigerungen, »noch besser als Gold«. In der Bibel heißt es: »Weisheit erwerben ist besser als Gold und Einsicht erwerben edler als Silber.« (Sprüche 16,16) Aber so abgeklärt und beruhigt ist das

Edelmetall in der Kulturgeschichte nicht. Es kennt sehr wohl die Extreme. Es ist das paradoxe Metall. Es ruht in sich in seiner Unangreifbarkeit, und doch wird es zerrissen von Widersprüchen. Weich, aber schwer. Formbar, aber dauerhaft. Unzerstörbar, unvergänglich und rasch wieder verloren. Geliebt und gehätschelt, verhasst und verteufelt. Götterhaut für die Ägypter, Ausscheidungen der Götter bei den Azteken, Schweißperlen der Sonne bei den Inkas. Im griechischen Mythos, wo sich der Göttervater Zeus in einen Goldregen verwandelt, um in Danaës Schoß zu gelangen, ist Gold ein göttlicher Samen. Ein Bild für göttliche Begattung in der nobelsten Form. Im Märchen der Brüder Grimm tritt das Gold aus den Ausscheidungsorganen eines Lasttiers, es ist Exkrement eines Esels. Göttliches Sperma und tierischer Kot!

Gold ist Symbol für Glanz und Gier, zwischen Vergöttlichung und Verteufelung, Veredelung und Verkotung, Erhebung und Verdammung. Gold war Grund für Kriege, zahllose Menschen mussten ihr Leben lassen für das glänzende Metall. Es ist noch heute in den Minen der Welt Ursache für Ausbeutung, Menschenrechtsverletzungen, Kinderarbeit, Kriminalität. Gold ist Anlass zu Verrat und Treulosigkeit, aber auch Symbol für Beständigkeit und Treue. Konkret selbst noch im heutigen Alltag, am Finger getragen: im Ehering, dem spät aufgekommenen Brauch, der auf ein römisches Verlobungsritual des Austauschs von Ringen zurückgeht. Wenn fünfzig gemeinsame Ehejahre zusammenkommen, tritt das Metall der Treue als Eigenschaftswort wieder auf, dann wird Goldene Hochzeit gefeiert.

Gold ist das Paradox schlechthin. Gold ist Gift und Gnade, Geißel und Glück. Schon bei der Ausgrabung fängt seine widersprüchliche Karriere an. Manchmal ist es nützlich, eine »außerirdische« Perspektive anzunehmen, um der Absurdität des Goldwesens und Goldunwesens auf die Spur zu kommen. Von einem, der es wissen muss, Großinvestor und Unternehmer Warren Buffett, stammt die folgende Aussage: »Gold wird irgendwo auf der Welt aus der Erde gegraben. Dann schmelzen wir es zu Barren, bauen einen unterirdischen Tresor und graben es wieder ein. Wenn uns Außerirdische dabei beobachten, es käme ihnen reichlich obskur und seltsam vor.«

Obskur und seltsam. Einmal mehr ist Gold das Metall der Widersprüche: zauberhafte Wärme, Wert und strahlender Glanz – oder kühle, unbelebte Stapelware, in irgendwelchen unterirdischen Lagern der trägen Nutzlosigkeit überlassen. Deshalb muss es selten sein und eher stark begehrt als bloßer, stapelbarer Besitz. Besitz und Besessenheit sind wortgeschichtlich gleichen Ursprungs. Lieber das Gold der Träume als Stapel von phantasielosem Metall.

Traumbesitz heißt ein wunderbares Gedicht Conrad Ferdinand Meyers von 1882 (vgl. S. 197/198). Ein armer Nachfahr der Inkas träumt von den unterirdischen intakten Reichtümern der Ahnen, vom goldenen Garten und Thron des Inka, von goldenen Vögeln und Fischen. Die von einem Fremdling geäußerte Aufforderung, angesichts seiner gegenwärtigen Armut doch nach den unermesslichen Schätzen zu graben, weist er ab: Es wäre eine Profanierung der heiligen Halle, es wäre »Sünde«. Aber davon träumen will er schon, von seinem »Traumbesitz« eben, und sich für immer mit den »schöngeformten Kolben« seines Maisfeldes begnügen. Beglückender, das Leben bereichernder Traum und reale, nährende, goldene Maiskolben – statt der sagenhaften verscharrten Reichtümer.

Wenn die Geschichte des Goldes nur immer von solcher Weisheit geprägt gewesen wäre! Der Traum ist der

Schatz, der Traum ist Ersatz. Fast zeitgleich träumt die große amerikanische Dichterin Emily Dickinson (1830 bis 1886) viel lieber, als zu besitzen, in ihrem Gedicht *Ich spiele Reichsein* (vgl. S. 199/200) – und scheint schließlich dem Mangel den Vorzug zu geben. Ihre »Schürferhände« beschwörend, hält sie fest: »Viel besser taugen sie für Mangel – / Erleuchtend ist er, wahr – / Weiß nicht, Begehren oder Gewähren – / Was schöner wäre ganz und gar.«

Die Kulturgeschichte des Goldes ist längst nicht ausgeschrieben. Der Faden der Geschichten reißt nicht ab. Das passt ganz gut zu diesem Metall: Aus nur einem Gramm Gold kann man einen drei Kilometer langen Faden spinnen. Gespinst, das die Phantasie beschäftigt und bezaubert. Ein goldener Erzählfaden, der nicht abbrechen wird.

Ein Freund, der wusste, dass ich gerade mit imaginären Goldnuggets hantiere und mit der Schreibfeder den Goldstaub der Kulturgeschichte aufsammle, hat mir zum Scherz vor kurzem einen kleinen Goldbarren geschenkt – aus Schokolade. Ein ironisches Spiel um Ewigkeit und Vergänglichkeit, soliden Wert und flüchtigen Genuss, veranstaltet von geschäftstüchtigen Schokoladeproduzenten. Zieht man das schmucke Goldpapier ab, kommt als wahrer Kern das braune Naschwerk zum Vorschein, das alles Nachdenken, alle Schreibarbeit versüßt. Der Barren ist täuschend echt nachgemacht, samt der obligaten Einprägung 999,9 für Feingold. Der Schmelzpunkt ist – im Gegensatz zu Gold – sehr tief. Natürlich war er viel zu leicht. Aber er hat gut geschmeckt. Und wenn alles stimmt, was auf diesen Seiten steht, besteht die Hoffnung, dass es goldrichtig sein könnte.

Das Gold der Gedichte

Eine kleine Anthologie

Archilochos (680-640 v. Chr.)

Mich kümmert es nicht

Das ganze Gold des reichen Königs Gyges:
Mich kümmert es nicht,
ich verspüre keinen Neid, und was die Götter tun
ist nicht meine Sache, Tyrannenmacht begehre ich nicht:
All das ist meinen Augen so fern –

Übertragung Ralph Dutli

Sappho (um 620-570 v. Chr.)

Gold-Fragmente

Nimm dir also Kränze, Kypris,
und in goldglänzenden Schalen großzügig
schenk den zum frohen Feiern
gemischten Nektar zum Trinken aus.

*

Wenn ich, du goldbekränzte Aphrodite,
dieses Los zu meinem verwandeln könnte …

*

Früh hat mich die golden beschuhte Morgenröte …

*

Ich habe ein schönes Mädchen, golden aufblühenden
Blumen gleich: Kleis, die einzig mir liebe –
nicht um allen Reichtum Lydiens würd ich sie tauschen …

*

… selbst noch den Harfenklang süß überklingend,
goldener noch als Gold …

Übertragung Ralph Dutli

Vergil (70-19 v. Chr.)

Goldene Äpfel auf Eichenbäumen

Der wütende Amor hat eine Mutter gelehrt, die Hände
mit dem Blut ihrer eigenen Kinder zu beflecken;
grausam bist auch du, Mutter!
Ist die Mutter grausamer oder der skrupellose Sohn?
Skrupellos ist er, und auch du bist grausam, Mutter.
Stimme die Lieder vom Maenalus-Gebirge an, meine Flöte!
Jetzt soll der Wolf vor Schafen fliehen, goldene Äpfel
sollen die knorrigen Eichenbäume tragen,
Narzissenblüten die Erle,
aus Tamariskenrinde soll fetter Bernstein schwitzen,
mit Schwänen soll das Käuzchen kämpfen, der Hirte Tityrus
soll Orpheus sein, Orpheus in den Wäldern,
Arion unter den Delphinen.
Stimme die Lieder vom Maenalus-Gebirge an, meine Flöte!
Jetzt soll alles ein tiefes Meer werden. Lebt wohl, ihr Wälder:
Kopfüber stürze ich mich von luftigen Höhen in die Wellen
hinab, das sei dir ein letztes Geschenk des Sterbenden.

Übertragung Ralph Dutli

Horaz (65-8 v. Chr.)

Sorge folgt auf wachsenden Besitz

Die eingesperrte Danaë hätten eherner Turm
und robuste Tore und die knurrende Wache
aufmerksamer Hunde genügend geschützt
vor nächtlichen Liebhabern,

wenn nicht Jupiter und Venus den ängstlichen Hüter
seiner verborgenen jungfräulichen Tochter, den Akrisios,
verlacht hätten: Der Weg werde sicher und offen sein
für den in kostbares Metall verwandelten Gott.

Gold liebt es, mitten durch die Leibwächter
zu gehen und, stärker als ein Blitzstrahl, Steinwände
zu brechen; das Haus des Sehers aus Argos
stürzte ein ob der Besitzgier

im Verderben versunken; die Stadttore
zerschlug der Makedonier und stürzte Rivalenkönige
mit korrumpierenden Geschenken; Gaben umgarnen
selbst grimmige Schiffsführer.

Sorge folgt auf wachsenden Besitz
und der Hunger nach Größerem. Zu Recht schreckte ich
davor zurück, weithin sichtbar meinen Scheitel zu erheben,
Maecenas, du Zierde der Ritter.

Je mehr einer sich selbst versagt,
desto mehr wird er von den Göttern erhalten; nackt
suche ich das Lager der nichts Begehrenden auf, als Überläufer
den Kreis der Reichen zu verlassen, beflügelt mich.

Jede Habe gering zu schätzen macht mich zum
glanzvolleren Herrn,
als wenn ich, was immer der rastlose Apulier anbaut,
in meinen Scheunen versteckte, als wenn es hieße –
er ist arm unter lauter Reichtümern.

Ein Bach mit reinem Wasser und Wald von
bescheidenem Ausmaß, festes Vertrauen in meine Aussaat –
der vermeintliche Gebieter über das fruchtbare Afrika
wird von meinem glücklicheren Los überstrahlt.

Obwohl mir keine kalabrischen Bienen Honig bringen
und kein luxuriöser Wein in meinen Amphoren
träge schläft und auch keine dichten Schaffelle
auf gallischen Weiden für mich wachsen,

so ist mir dennoch lästige Armut fern,
und wenn ich mehr wollte, würdest du es mir nicht verwehren.
Wenn die Begierde geringer ist, kann ich besser
die kleinen Einkünfte ausdehnen,

als wenn ich Alyattes' Königreich um die Felder
Mygdoniens vermehrte. Wer vieles begehrt,
dem fehlt so vieles; glücklich, wem ein Gott
gerade genug gab mit karger Hand.

Übertragung Ralph Dutli

Chrétien de Troyes (1140-1190)

Der Gral

Es kamen noch zwei Diener rein,
Sie trugen Kerzenleuchter fein
Aus reinstem Gold und schwarzem Glas.
Die Diener – schön und voller Maß –
Hielten die Leuchter in der Hand,
Zehn Kerzen haben dort gebrannt.
Dann kam der Gral, an seinen Enden
Hielt eine Jungfrau ihn mit beiden Händen,
Wie schön sie war, nobel gekleidet,
Voll Anmut, allenorts beneidet.
Doch als den Raum sie jetzt betrat
Den Dienern folgend, in der Tat
Blitzt von dem Gral, man glaubt es nicht,
So blendend helles großes Licht,
Dass jeder Kerzenstrahl erlischt
Wie Mond und Sterne, wenn erfrischt
Die Sonne an den Himmel steigt.
Der Gral voraus, und allen zeigt
Er feinstes Gold, drauf Edelsteine
So kostbar, wie es sicher keine
Gibt auf der Erde und im Meer:
So selten, vielfältig, so sehr
Ganz einzigartig wie der Gral,
So niegesehen allemal.
Wie vordem schon, als sie vorüber
Getragen wurden dort, so blieb er
Vor diesem Umzug lieber stumm.
Der Junge fragte nicht, warum

Und wem er diene, dieser Gral,
Denn tief im Herzen ohne Qual
Trug er das Wort vom weisen Mann,
Der ihm zum Schweigen riet, doch dann
Hab ich auch öfters schon gehört,
Dass zu viel Schweigen gleichfalls stört
Wie zu viel Reden – ob zum Glück
Oder zum Unglück ihm, zurück
Hielt er sich, fragte nichts und will
Doch lieber schweigen – und blieb still.

Übertragung Ralph Dutli

Anonym (um 1290)

Fatrasie 15

Ein Seidenstoff aus Wolle
hatte große Mühe,
eine Erbse zu krümmen.
Dass ihm Blut abgezapft werde,
kam Babylon herbei,
Französisch zu lernen.
Ihm entgegen die Landschaft Vermandois,
die atemlos wieherte
auf einem großen Pferd mit Goldrand.
An einem Tag außerhalb der Woche
ergriffen vierzehn Monate die Flucht.

Übertragung Ralph Dutli

Francesco Petrarca (1304-1374)

Sonett 90

Die goldnen Haare in die Luft hin streuend,
die tausend süße Knoten daraus dreht,
so maßlos brennend lockt ihr Licht noch spät:
der schönen Augen, allen Glanz bereuend.

Und ihr Gesicht schien mir von Mitleids Farben,
weiß nicht, ob wahr, ob sich nur Täuschung regt:
Wer in der Brust den Liebes-Zunder trägt –
Kein Wunder, stechen aus ihm Flammengarben.

Nicht wie der andern Sterblichen ihr Gang,
nein engelgleich; und ihre Sprache klang
so anders als die Menschenstimme spricht.

Ein Himmelsbild, lebendige Sonne fuhr
mir ins Gesicht: Und bleibt von ihr jetzt keine Spur –
nur weil der Bogen ruht, heilt er die Wunde nicht.

Übertragung Ralph Dutli

Michelangelo Buonarroti (1475-1564)

So wie in Glut

So wie in Glut der Künstler Eisen dehnt,
Dass schöne Formen sich zusammenschließen,
Wie er in Flammen lässt das Gold zerfließen,
Dass es der Kunst sich läutert und verschönt;

So wie der Phoenix, der empor sich sehnt,
Erst brennen muss, so werd auch ich's genießen,
Aus Flammen auferstehend die zu grüßen,
Die sterbend wachsen, aller Zeit entwöhnt.

Mir wurde eine solche Glut vergönnt,
Die in mir brennt, damit ich mich erneuer,
Der ich schon nahe bin den toten Scharen.

Und steigt die Flamme in ihr Element,
Den Himmel, auf, und ich bin nichts als Feuer,
Was hindert mich, zum Himmel aufzufahren?

Übertragung Michael Engelhard

Joachim Du Bellay (1522-1560)

Traum

Auf einem steilen Berg sah ich ein Bauwerk scheinen
Wohl hundert Klafter hoch, und hundert Säulen rund
Aus reinstem Diamant schmückten dort kühn die Front:
Sie waren von Dorer-Art wie damals könnt man meinen.

Die Mauern waren nicht aus Marmor, Ziegelsteinen,
Sondern von Leuchtkristall, vom Gipfel bis zum Grund,
Er warf aus seinem Bauch die tausend Strahlen bunt
Auf hundert Stufen Gold aus Afrika, dem feinen.

Aus Gold war jede Wand, Gold kleidete das Dach
Aus Schuppen, blitzend in den Platten hundertfach:
Das Pflaster war gemacht aus Jaspis und Smaragden.

O Eitelkeit der Welt! Ein Beben plötzlich dröhnte,
Erschüttert all das jäh, was stolz nach oben ragte,
Zerschlägt den schönen Bau, der es vordem noch krönte.

Übertragung Ralph Dutli

Pierre de Ronsard (1524-1585)

Gold-Hymne (Auszug)

O glückliches Metall, das uns so glücklich macht –
Das Blut, der Nerv, die Kraft und Menschenlebens Pracht!
Wer dich verachtet, der hat dich noch nie erworben,
Geht unter Lebenden, als wär er schon gestorben …
Bei Gott, komm mir jetzt nicht mit Tugend,
macht mich gähnen!
Du würdest sie gern verlieren, doch lass mich
noch erwähnen:
Wärst du ein Wissender, wenn dir die Bücher fehlten?
Nicht Musen liefern sie dem Dichter, dem beseelten,
Sondern das schöne GOLD; man muss sie eben kaufen.
Geldlos zum Buchhändler wirst du vergeblich laufen.
Wird er sie dir gern leihn? Ich glaub es, ehrlich, kaum!
Drei Tage nur, dann will er Geld sehn – aus der Traum …
Wie vielfach der Gebrauch und kostbar das Metall!
Der Mensch lebt nicht von Luft allein im besten Fall,
Nein, Brot! Wein! Feuer braucht's, will er's
richtig genießen,
Denn hunderttausend Freuden bringt nur GOLD
zum Fließen.
Wenn Venus es erblickt, ist sie bezaubert ganz,
Und keine Tür der Welt ist sicher vor dem Glanz,
Sei sie verschlossen selbst mit hundert Schlüsseln gar,
Sie geht rasch auf; es schenkt uns Anmut wunderbar
Und Wissen, Ehre, Schönheit, Anhang, Heiratsfreuden,
Es will uns ganz allein auf tausend Arten kleiden.
Wenn selbst die Götter noch vereint sich gern bescheren
Mit dem noblen Metall – müsst man es dann nicht ehren

Und lieben wie auch loben? Nenn es doch, mein Wort,
Den Götter-Schmuck und besten menschlichen Komfort!
Was mich betrifft, ich kann es hier nicht unterlassen,
Lauthals das schönste der Metalle ins Gebet zu fassen:
O unsrer ganzen Menschheit heiliger Glücksspeicher,
Zu Recht nennt man dich überall Sorgen-Verscheucher,
Du Lebensgeber, Notzerstäuber! Deine Fülle
Soll jederzeit mir Haus und Börse füllen, so mein Wille!
Wo immer du logierst, kann niemals Übel wohnen,
Soll immer mir dein Licht über dem Kopfe thronen,
Mög stets und immer, tags und nachts ich dir begegnen,
Für alle meine Hasser soll es Unglück regnen,
Wenn sie in ihrem Haus dich als Gefangnen halten,
Besser logier bei mir! Ich will ganz anders walten,
Weil ich doch weiß: Ohne dein kostbares Geschenk
Tut kein Mann Kühnes, Nützliches noch Gutes! Denk
Doch nur: Sag nie, das GOLD sei nichtig, gar nichts wert,
Weil es für sich allein die ganze Menschheit nährt.

Übertragung Ralph Dutli

Luis de Góngora (1561-1627)

Solang noch Gold

Solang noch Gold, dem Sonne Glanz geliehen,
umsonst Dein Haar zu übertreffen strebt;
solang sich Deine Stirn verächtlich hebt,
sieht sie im Feld die schöne Lilie blühen;

solang auf Deinen Mund, ihn zu berühren,
mehr Augen schaun als zu der Nelke frisch;
solang Dein edler Hals gebieterisch
über kristallne Pracht kann triumphieren:

erfreu Dich nur an Hals, Mund, Stirn und Haar
eh', was in Deiner goldnen Jahre Licht
Gold, Lilie, Nelke und Kristall noch war,

nicht bloß zu Silber wird und Veilchen schlicht,
sondern, mitsamt Dir selbst, sich wandelt gar
in Lehm, in Rauch, in Staub, in Nacht, in Nichts.

Übertragung Michael Mertes

William Shakespeare (1564-1616)

Sonett 55

Kein Marmor und kein goldnes Fürstengrab
wird länger währen als mein mächtiges Wort.
Hell strahlst Du stets im Vers, den ich Dir gab –
die Zeit indes rafft Stein und Bronze fort.

Und mag auch Krieg die Denkmäler zerstören
und Aufruhr niederreißen Haus und Mauer:
Nicht Mars mit Schwert, nicht Brand wird je entehren,
was von Dir lebt im Wort auf sichre Dauer.

Dem Tod zum Trotz und der Vergessenheit
gehst Du voran. Dein Lob hält allem stand,
bleibt gegenwärtig bis in Ewigkeit,
strahlt bis zum Jüngsten Tage unverwandt.

Bis Du dereinst aus Grabesnacht erstehst,
sieht hier der Liebe Blick Dich unverwest.

Übertragung Michael Mertes

John Donne (1572-1631)

Herbstliche Schönheit

Kein Lenz, kein Sommer kommt an Liebreiz nah
dem Herbst, den ich in diesem Antlitz sah:
Wo Jugendschönheit deine Abwehr bricht,
klopft's freundlich an, doch du entkommst ihm nicht.
Wär Lieben Schande, Schande wär's nicht hier –
»Verehrung« heißt die Liebe ja zu ihr.
War nicht ihr Ursprung einst die Goldne Zeit?
Gewiss, doch blieb stets neu ihr Gold, bis heut.
Einst schürte sie die Flammen heiß und wild,
heut ist ihr Klima angenehm und mild.
Die Augen schön: Wen das nicht brennen lässt,
der wünscht im Fiebertraum herbei die Pest.
Die Falten nennst du »Gräber«? Bleib mir fort:
Wärn Gräber sie, dann ruhte Amor dort –
doch nicht als Toter, denn sie dienten nur
als Eremitensitz ihm, als Klausur.
Hier legt er, bis sie stirbt (auch er stirbt dann!),
ein Monument, ein schlichtes Erdloch an.
Hier wohnt er. Mag er überall Präsenz
auch zeigen, hier ist seine Residenz –
hier, in der Spanne zwischen Tag und Nacht,
wo Wollust schweigt und alle Freude lacht.

Übertragung Michael Mertes

Paul Fleming (1609-1640)

An Chrysillen

Gold ist dein trefflichs Haar, Gold deiner Augen Licht,
Gold dein gemalter Mund, Gold deine schöne Wangen,
Der Hals, die Brust, der Leib und was uns macht Verlangen,
Gold ist die Rede selbst, die deine Zunge spricht,

Die auch ganz gülden ist ....
Ach! dass sich doch mein Herz an dieses Gold gehangen!
Gold suchet Jedermann, Gold lässt sich noch erlangen.
Dich, du des Goldes Gold, kann ich erlangen nicht.

Chrysille, güldnes Bild und güldner noch als Gold,
Dein mehr als güldner Preis ist mehr als Gold verzollt.
Dis* hat nicht so viel Gold in allen seinen Schätzen,

So viel nicht Jupiter, der alles Gold aufhäuft.
Wenn du dich hältst so hoch, als sich dein Wert beläuft,
so kann dich Niemand nicht, als du dich selbst bezahlen.

* Dis oder Dis Pater: anderer Name für den römischen Gott Pluto, der über die Unterwelt und die Goldvorkommen unter der Erde herrscht.

Christian Hoffmann von Hoffmannswaldau (1617-1679)

Vergänglichkeit der Schönheit

Es wird der bleiche Tod mit seiner kalten Hand
Dir endlich mit der Zeit um deine Brüste streichen,
Der liebliche Korall der Lippen wird verbleichen;
Der Schultern warmer Schnee wird werden kalter Sand,
Der Augen süßer Blitz, die Kräfte deiner Hand,
Für welchen solches fällt, die werden zeitlich weichen;
Das Haar, das jetzt noch kann des Goldes Glanz erreichen,
Tilgt endlich Tag und Jahr als ein gemeines Band.
Der wohlgesetzte Fuß, die lieblichen Gebärden,
Die werden teils zu Staub, teils nichts und nichtig werden;
Dann opfert keiner mehr der Gottheit deiner Pracht.
Dies und noch mehr als dies muss endlich untergehen,
Dein Herze kann allein zu aller Zeit bestehen,
Weil es doch die Natur aus Diamant gemacht.

Jean de La Fontaine (1621-1695)

Das Huhn mit den goldenen Eiern

Wer alles haben will, verliert oft alles!
Dies zu erklären, denk ich jenes Falles,
In dem ein Huhn, wie uns die Fabel lehrt,
Dem Geizhals, dem es zugehört,
Von Tag zu Tag ein goldnes Ei beschert.
Er meint, es habe einen Schatz im Bauch;
Er tötet's, öffnet's, findet trüben Mutes:
Die Henne war genau wie andre Hennen auch.
Und so beraubte er sich selbst des größten Gutes.

Ein Beispiel, das sich alle merken sollten!
Wie viele gibt es doch von solchem Schlag,
Die arm geworden sind an einem Tag,
Weil sie in einem Tag zu Reichtum kommen wollten.

Übertragung Theodor Etzel

Angelus Silesius (1624-1677)

Der Cherubinische Wandersmann

Was fein ist, das besteht

Rein wie das feinste Gold, steif wie ein Felsenstein,
Ganz lauter wie Kristall soll dein Gemüte sein.

*

Die geistliche Goldmachung

Dann wird das Blei zu Gold, dann fällt der Zufall hin,
Wenn ich mit Gott durch Gott in Gott verwandelt bin.

*

Die Goldheit und die Gottheit

Die Goldheit machet Gold, die Gottheit machet Gott:
Wirst du nicht eins mit ihr, so bleibst du Blei und Kot.

*

Wie die Goldheit, also die Gottheit

Schau, wie die Goldheit ist des Golds-Fluss
Schwer und Schein,
So wird die Gottheit auch im Seligen alles sein.

Johann Christian Günther (1695-1723)

Als er der Phillis einen Ring mit einem Totenkopfe überreichte

Erschrick nicht vor dem Liebeszeichen,
Es träget unser künftig Bild,
Vor dem nur die allein erbleichen,
Bei welchen die Vernunft nichts gilt.
Wie schickt sich aber Eis und Flammen?
Wie reimt sich Lieb und Tod zusammen?
Es schickt und reimt sich gar zu schön,
Denn beide sind von gleicher Stärke
Und spielen ihre Wunderwerke
Mit allen, die auf Erden gehn.

Ich gebe dir dies Pfand zur Lehre:
Das Gold bedeutet feste Treu,
Der Ring, dass uns die Zeit verehre,
Die Täubchen, wie vergnügt man sei;
Der Kopf erinnert dich des Lebens,
Im Grab ist aller Wunsch vergebens,
Drum lieb und lebe, weil man kann,
Wer weiß, wie bald wir wandern müssen!
Das Leben steckt im treuen Küssen,
Ach, fang den Augenblick noch an!

Johann Wolfgang von Goethe (1749-1832)

Der König in Thule

Es war ein König in Thule
Gar treu bis an das Grab,
Dem sterbend seine Buhle
Einen goldnen Becher gab.

Es ging ihm nichts darüber,
Er leert' ihn jeden Schmaus;
Die Augen gingen ihm über,
So oft er trank daraus.

Und als er kam zu sterben,
Zählt' er seine Städt' im Reich,
Gönnt' alles seinen Erben,
Den Becher nicht zugleich.

Er saß beim Königsmahle,
Die Ritter um ihn her,
Auf hohem Vätersaale,
Dort auf dem Schloss am Meer.

Dort stand der alte Zecher,
Trank letzte Lebensglut,
Und warf den heil'gen Becher
Hinunter in die Flut.

Er sah ihn stürzen, trinken
Und sinken tief ins Meer.
Die Augen täten ihm sinken;
Trank nie einen Tropfen mehr.

William Blake (1757-1827)

Eine Kapelle ganz aus Gold

Ich sah eine Kapelle ganz aus Gold
Und keinen, der sie je betrat,
Doch weinend standen sie davor,
Weinend, betend, ohne Rat.

Und eine Schlange reckte sich
Im weißen Pfeilerwald empor,
Sie brach, erbrach, zerbrach
Die goldnen Angeln an dem Tor.

Und über feinen steinern Boden,
Besetzt mit Perlen & Rubin,
Zog sie ihre schleimige Spur
Bis auf den weißen Altar hin,

Dort spie sie aus ihr ganzes Gift
Selbst noch auf Brot & Wein.
So ging ich hin in einen Stall
Und legte mich zum Schwein.

Übertragung Ralph Dutli

Friedrich Hölderlin (1770-1843)

Der Ruhm

Es knüpft an Gott der Wohllaut, der geleitet
Ein sehr berühmtes Ohr, denn wunderbar
Ist ein berühmtes Leben groß und klar,
Es geht der Mensch zu Fuße oder reitet.

Der Erde Freuden, Freundlichkeit und Güter,
Der Garten, Baum, der Weinberg mit dem Hüter,
Sie scheinen mir ein Widerglanz des Himmels,
Gewähret von dem Geist den Söhnen des Gewimmels.

Wenn Einer ist mit Gütern reich beglücket,
Wenn Obst den Garten ihm, und Gold ausschmücket
Die Wohnung und das Haus, was mag er haben
Noch mehr in dieser Welt, sein Herz zu laben?

Novalis (1772-1801)

An Agathon

Wenn Könige mit Gunst dich überhäufen,
Rund um dich Gold in hohen Haufen lacht,
Und zwanzig Schiffe dir durch alle Meere streifen,
Und für dein Wohl Fortuna treulich wacht,
So rühmet jedermann dein Glück; doch stets vergebens,
Denn hast du nicht dabei Philosophie des Lebens,
So hast du nichts.

JOSEPH VON EICHENDORFF (1788-1857)

Ein Wunderland

Ein Wunderland ist oben aufgeschlagen,
Wo goldne Ströme gehn und dunkel schallen,
Gesänge durch das Rauschen tief verhallen,
Die möchten gern ein hohes Wort dir sagen.

Viel goldne Brücken sind dort kühn geschlagen,
Darüber alte Brüder sinnend wallen –
Wenn Töne wie im Frühlingsregen fallen,
Befreite Sehnsucht will dorthin dich tragen.

Wie bald läg unten alles Bange, Trübe,
Du strebtest lauschend, blicktest nicht mehr nieder,
Und höher winkte stets der Brüder Liebe:

Wen einmal so berührt die heiligen Lieder,
Sein Leben taucht in die Musik der Sterne,
Ein ewig Ziehn in wunderbare Ferne!

Heinrich Heine (1797-1856)

Die Lore-Ley

Ich weiß nicht was soll es bedeuten,
Dass ich so traurig bin;
Ein Märchen aus alten Zeiten,
Das kommt mir nicht aus dem Sinn.

Die Luft ist kühl und es dunkelt,
Und ruhig fließt der Rhein;
Der Gipfel des Berges funkelt
Im Abendsonnenschein.

Die schönste Jungfrau sitzet
Dort oben wunderbar;
Ihr goldnes Geschmeide blitzet,
Sie kämmt ihr goldenes Haar.

Sie kämmt es mit goldenem Kamme
Und singt ein Lied dabei;
Das hat eine wundersame,
Gewaltige Melodei.

Den Schiffer im kleinen Schiffe
Ergreift es mit wildem Weh;
Er schaut nicht die Felsenriffe,
Er schaut nur hinauf in die Höh.

Ich glaube, die Wellen verschlingen
Am Ende Schiffer und Kahn;
Und das hat mit ihrem Singen
Die Lore-Ley getan.

Das goldne Kalb

Doppelflöten, Hörner, Geigen
Spielen auf zum Götzenreigen,
Und es tanzen Jakobs Töchter
Um das goldne Kalb herum –
Brum – brum – brum –
Paukenschläge und Gelächter!

Hochgeschürzt bis zu den Lenden
Und sich fassend an den Händen,
Jungfraun edelster Geschlechter
Kreisen wie ein Wirbelwind
Um das Rind –
Paukenschläge und Gelächter!

Aaron selbst wird fortgezogen
Von des Tanzes Wahnsinnwogen,
Und er selbst, der Glaubenswächter,
Tanzt im Hohenpriesterrock,
Wie ein Bock –
Paukenschläge und Gelächter!

EDUARD MÖRIKE (1804-1875)

September-Morgen

Im Nebel ruhet noch die Welt,
Noch träumen Wald und Wiesen:
Bald siehst du, wenn der Schleier fällt,
Den blauen Himmel unverstellt,
Herbstkräftig die gedämpfte Welt
In warmem Golde fließen.

Gottfried Keller (1819-1890)

Abendlied

Augen, meine lieben Fensterlein,
Gebt mir schon so lange holden Schein,
Lasset freundlich Bild um Bild herein:
Einmal werdet ihr verdunkelt sein!

Fallen einst die müden Lider zu,
Löscht ihr aus, dann hat die Seele Ruh,
Tastend streift sie ab die Wanderschuh,
Legt sich auch in ihre finstre Truh.

Noch zwei Fünklein sieht sie glimmend stehn
Wie zwei Sternlein, innerlich zu sehn,
Bis sie schwanken und dann auch vergehn,
Wie von eines Falters Flügelwehn.

Doch noch wandl' ich auf dem Abendfeld,
Nur dem sinkenden Gestirn gesellt;
Trinkt, o Augen, was die Wimper hält,
Von dem goldnen Überfluss der Welt!

THEODOR FONTANE (1819-1898)

Glück

Glück, von Deinen tausend Losen,
Eines nur erwähl ich mir,
Was soll Gold? Ich liebe Rosen
Und der Blumen schlichte Zier.

Und ich höre Waldesrauschen
Und ich seh ein flatternd Band –
Aug in Auge Blicke tauschen,
Und ein Kuss auf Deine Hand.

Geben nehmen, nehmen geben,
Und Dein Haar umspielt der Wind,
Ach, nur das, nur das ist Leben,
Wo sich Herz zum Herzen find't.

Charles Baudelaire (1821-1867)

Alchimie des Schmerzes

Der Eine füllt die Welt mit Glühn,
Dem Andern ist sie Schmerz und Grauen,
Er kann nur die Verwesung schauen,
Wo Jener Leben sieht und Blühn.

Du unbekannter Gott voll Listen,
Der meine Kräfte hemmt und spannt,
Du machst dem Midas mich verwandt,
Dem traurigsten der Alchimisten.

Du wandelst mir das Gold in Blei,
Das Paradies in Wüstenei;
Du lässt in lichten Wolkendecken

Geliebte Leichen mich entdecken
Und auf den himmlisch heitren Auen
Prunkvolle Sarkophage bauen.

Übertragung Therese Robinson

Conrad Ferdinand Meyer (1825-1898)

Traumbesitz

»Fremdling, unter diesem Schutte
Wölbt sich eine weite Halle,
Blüht des Inka goldner Garten,
Prangt der Sessel meines Ahns!

Alles Laub und alle Früchte
Und die Vögel auf den Ästen
Und die Fischlein in den Teichen
Sind vom allerfeinsten Gold.«

– »Knabe, du bist zart und dürftig,
Deine greisen Eltern darben –
Warum gräbst du nicht die nahen
Schätze, die dein Erbe sind?«

»Solches, Fremdling, wäre sündlich!
Nein, ich lasse mir genügen
An dem kleinen Weizenfelde,
Das mir oben übrig blieb.

Im Geheimen meines Herzens,
Mit den Augen meines Geistes
Schwelg ich in den lichten Wundern,
In dem unermessnen Hort:

O des Glanzes! O der Fülle!
Siehst du dort die Büschel Maises
Mit den schöngeformten Kolben?
Siehst du dort den goldnen Thron?«

Emily Dickinson (1830-1886)

Ich spiele Reichsein

Ich spiele Reichsein – stille leicht
Alles Geschrei nach Gold –
Es hielt mich ab, ein Dieb zu sein,
Vor Kühnheit übervoll

An Mangel und Gelegenheit –
Die Sünde – fast getan,
Ich Selbst wäre das leichte Ding,
Ein unabhängiger Mann –

Doch oft, wenn mir zu hungrig scheint
Und dürftig bloß mein Los,
Stell ich mir vor, was ich wohl wär –
Und finde neuen Trost

Für mich und meine Armut, frage
Mich einzig, ob der Mann –
Der viel besitzt, wie wir's nie tun –
Die Fülle – schätzen kann –

Stoßen je meine Schürferhände
Königlich auf die Mine –
Nach langer – ungerechter Zeit –
Nun doch einmal gewinnend –

Viel besser taugen sie für Mangel –
Erleuchtend ist er, wahr –
Weiß nicht, Begehren oder Gewähren –
Was schöner wäre ganz und gar –

Übertragung Ralph Dutli

Paul Verlaine (1844-1896)

Beams

Sie wollte auf dem Meer, auf seinem Wasser gehn,
Und da ein guter Wind die Stille endlich brach
Gaben wir ihrem Wahn, dem schönen, gerne nach –
Da schau den bittren Weg, auf dem wir plötzlich stehn.

Die Sonne schien uns hoch am Himmel ruhig und eben,
In ihrem blonden Haar – die Strahlen, reines Gold,
So dass nun unser Schritt dem ihren blindlings folgt
Der ruhiger geht – o Lust! – als sich die Wellen heben.

Und weiße Vögel ziehn in einem weichen Flug,
Und ferne Segel, weiß, die sich ganz leicht verneigen.
Dann sahn wir manchmal Tang an uns vorübertreiben –
Bewegung, rein und breit! die uns da weitertrug.

Da wandte sie sich um, beunruhigt, dass der Gang
Nicht angstfrei sei für uns, nicht ganz ohne Beschwerden;
Doch als sie froh uns sah, von ihr erwählt zu werden,
Setzt ihren Weg sie fort, ging aufrecht uns voran.

Übertragung Ralph Dutli

Arthur Rimbaud (1854-1891)

Alchimie des Wortes

Fernab von Vögeln, Herden, Dorfweltmädchen,
Was trank ich da auf Knien im Heidekraut
Umringt von zarten Haselholzgeflechten
Am Nachmittag, im Nebel grün und lau?

Was konnt ich trinken in dem jungen Flüsschen
– Stimmlos die Ulmen, Wiesen ohne Blumenpracht,
Himmel bedeckt! – aus gelben Flaschen fern der Hütte,
der lieben? Den Likör aus Gold, der schwitzen macht.

Schielendes Schild war ich vor Herbergsklinken.
Gewitter jagt den Himmel fort. Zum Abend leis
Das Nass des Walds, auf jungfräuliche Sande sinkend,
Und Gottes Wind warf in die Pfützen blankes Eis.

Weinend sah ich Gold – und konnte nicht trinken –

Übertragung Ralph Dutli

Richard Dehmel (1863-1920)

Ein Goldgräber

Ich kann ein Goldgräber werden
und des Erdgrunds Schätze schürfen.
Mutter Erde spendet immer mehr,
je mehr die Menschen bedürfen;
mein Lehrer hat's gesagt.

Wohl kostet's Schweiß in Strömen,
den Bergschutt auszuschmelzen,
oder tief aus unterirdischen Flüssen
den Schlamm heraufzuwälzen,
der die paar Goldkörner birgt.

Aber endlich ist's ein Klumpen,
blitzblendeblank gewaschen!
Nun kann ich Vater, Mutter und Alle
zum Geburtstag überraschen;
auch den reichen Kurt!

Mutter Erde soll sich wundern,
wie meine Schatztaler springen:
Hand auf! nehmt hin den Plunder,
ich kann mir mehr erringen,
ich bin ein kleiner Held!

Else Lasker-Schüler (1869-1945)

An den Ritter aus Gold

Du bist alles was aus Gold ist
In der großen Welt.

Ich suche deine Sterne
Und will nicht schlafen.

Wir wollen uns hinter Hecken legen,
Uns niemehr aufrichten.

Aus unseren Händen
Süße Träumerei küssen.

Mein Herz holt sich
Von deinem Munde Rosen.

Meine Augen lieben dich an,
Du haschst nach ihren Faltern.

Was soll ich tun,
Wenn du nicht da bist.

Von meinen Lidern
Tropft schwarzer Schnee;

Wenn ich tot bin,
Spiele du mit meiner Seele.

Christian Morgenstern (1871-1914)

Herbst

Zu Golde ward die Welt;
zu lange traf
der Sonne süßer Strahl
das Blatt, den Zweig.
Nun neig
dich, Welt hinab
in Winterschlaf.

Bald sinkt's von droben dir
in flockigen Geweben
verschleiernd zu –
und bringt dir Ruh,
o Welt,
o dir, zu Gold geliebtes Leben,
Ruh.

Robert Frost (1874-1963)

Kein Gold zu bleiben

Gold ist natürlich erstes Grün,
Den Farbton halten wäre kühn.
Und Blume ist das frühe Blatt,
Das nur rund eine Stunde hat.
Kein Blatt kennt jemals Dauer.
Auf Eden folgte Trauer,
So sinkt das Grauen in den Tag,
Kein Gold zu bleiben je vermag.

Übertragung Ralph Dutli

Rainer Maria Rilke (1875-1926)

Das Gold

Denk es wäre nicht: es hätte müssen
endlich in den Bergen sich gebären
und sich niederschlagen in den Flüssen
aus dem Wollen, aus dem Gären

ihres Willens; aus der Zwang-Idee,
dass ein Erz ist über allen Erzen.
Weithin warfen sie aus ihren Herzen
immer wieder Meroë

an den Rand der Lande, in den Äther,
über das Erfahrene hinaus;
und die Söhne brachten manchmal später
das Verheißene der Väter,
abgehärtet und verhehrt, nachhaus;

wo es anwuchs eine Zeit, um dann
fortzugehn von den an ihm Geschwächten,
die es niemals liebgewann.
Nur (so sagt man) in den letzten Nächten
steht es auf und sieht sie an.

Sonette an Orpheus II,19

Irgendwo wohnt das Gold in der verwöhnenden Bank
und mit Tausenden tut es vertraulich. Doch jener
Blinde, der Bettler, ist selbst dem kupfernen Zehner
wie ein verlorener Ort, wie das staubige Eck
unterm Schrank.

In den Geschäften entlang ist das Geld wie zuhause
und verkleidet sich scheinbar in Seide, Nelken und Pelz.
Er, der Schweigende, steht in der Atempause
alles des wach oder schlafend atmenden Gelds.

O wie mag sie sich schließen bei Nacht, diese immer
offene Hand.
Morgen holt sie das Schicksal wieder, und täglich
hält es sie hin: hell, elend, unendlich zerstörbar.

Dass doch einer, ein Schauender, endlich ihren
langen Bestand
staunend begriffe und rühmte. Nur dem
Aufsingenden säglich.
Nur dem Göttlichen hörbar.

Der Goldschmied

Warte! Langsam! droh ich jedem Ringe
und vertröste jedes Kettenglied:
später, draußen, kommt das, was geschieht.
Dinge, sag ich, Dinge, Dinge, Dinge!
wenn ich schmiede; vor dem Schmied
hat noch keines irgendwas zu sein
oder ein Geschick auf sich zu laden.
Hier sind alle gleich, von Gottes Gnaden:
ich, das Gold, das Feuer und der Stein.

Ruhig, ruhig, ruf nicht so, Rubin!
Diese Perle leidet, und es fluten
Wassertiefen im Aquamarin.
Dieser Umgang mit euch Ausgeruhten
ist ein Schrecken: alle wacht ihr auf!
Wollt ihr Bläue blitzen? Wollt ihr bluten?
Ungeheuer funkelt mir der Hauf.

Und das Gold, es scheint mit mir verständigt;
in der Flamme hab ich es gebändigt,
aber reizen muss ichs um den Stein.
Und auf einmal, um den Stein zu fassen,
schlägt das Raubding mit metallnem Hassen
seine Krallen in mich selber ein.

Joachim Ringelnatz (1883-1934)

Gold

Gold macht nicht jeden reich,
Gold ist geschmeidig und weich
Wie ein Lurch.
Schlängelt sich zwischen den Fingern durch.
Gold entrollt, von Gott gewollt.

Gold soll nicht frech sein.
Gold darf nicht Blech sein,
Nicht durchmessingt oder durchsilbert.
Gold will redlich frei sein,
Ohne aufgezwungnes Beisein,
Hören Sie, Gilbert?

Gold macht uns trunken. Gold
Stinkt als Halunkensold.
Gold macht nicht gut.
Gold wittert Blut.
Gold macht nicht froh.

Wo ist Gold? Wo?

In Europa ist kein Gold mehr da.
Alles Gold ist in Amerika.

Doch Sie haben recht, mein lieber Mister,
Deutschland nährt ein bisschen viel Minister.
In den Einzelstaats-Beamtenheeren
Könnte man die Hälfte gut entbehren.

Welimir Chlebnikow (1885-1922)

Grashüpferchen

Fliegeflügelnd mit Goldschreibsel
Fei-fei-feinster Fäser-Äderchen
Grashüpferchen wuchtet in den Wanst
Ufernes: Gräser viel und Schilf.
Blibb! Blibb! Blibb! Blabbert der Blubber.
O schwanix,
O scheinauf!

Übertragung Ralph Dutli

Hugo Ball (1886-1927)

Der grüne König
(Schizophrene Sonette, 1)

Wir, Johann, Amadeus Adelgreif,
Fürst von Saprunt und beiderlei Smeraldis,
Erzkaiser über allen Unterschleif
Und Obersäckelmeister vom Schmalkaldis

Erheben unsern grimmen Löwenschweif
Und dekretieren vor den leeren Saldis:
»Ihr Räuberhorden, eure Zeit ist reif.
Die Hahnenfeder ab, ihr Garibaldis!

Man sammle alle Blätter unserer Wälder
Und stanze Gold daraus, soviel man mag,
Das ausgedehnte Land braucht neue Gelder.

Und eine Hungersnot liegt klar am Tag.
Sofort versehe man die Schatzbehälter
Mit Blattgold aus dem nächsten Buchenschlag.«

Wladislaw Chodassewitsch (1886-1939)

Gold

Gold in den Mund, den Honig und den Mohn
In deine Hände – letzter Erdenmühe Lohn.

Verbrannt zu werden, wie ein Römer, wär mir Strafe:
Ich will im Mutterleib der Erde schlafen,

Ich will als Frühlingsgras hervor nur wachsen
Und kreisen um die alte, um die Sternenachse.

Verwesen wird im Grab Honig und Mohn,
Die Münze fällt im toten Mund hinunter schon …

Doch nach so vielen dunklen Jahren legt
Ein Unbekannter seine Hand an mein Skelett,

Im schwarzen Schädel, den der Spaten bricht,
Klingt auf die schwere Münze und das Licht

Glänzt zwischen Knochen hell vom Gold
Als kleine Sonne – Spur, die meiner Seele folgt.

Übertragung Ralph Dutli

Georg Trakl (1887-1914)

An den Knaben Elis

Elis, wenn die Amsel im schwarzen Wald ruft,
Dieses ist dein Untergang.
Deine Lippen trinken die Kühle des blauen Felsenquells.

Lass, wenn deine Stirne leise blutet
Uralte Legenden
Und dunkle Deutung des Vogelflugs.

Du aber gehst mit weichen Schritten in die Nacht,
Die voll purpurner Trauben hängt,
Und du regst die Arme schöner im Blau.

Ein Dornenbusch tönt,
Wo deine mondenen Augen sind.
O, wie lange bist, Elis, du verstorben.

Dein Leib ist eine Hyazinthe,
In die ein Mönch die wächsernen Finger taucht.
Eine schwarze Höhle ist unser Schweigen,

Daraus bisweilen ein sanftes Tier tritt
Und langsam die schweren Lider senkt.
Auf deine Schläfen tropft schwarzer Tau,

Das letzte Gold verfallener Sterne.

Anna Achmatowa (1889-1966)

Venedig

Es ist ein goldener Taubenschlag
Am zärtlichen, verlöschend grünen Wasser,
Ein leichter Salzwind wischt über die nassen
Spuren von schwarzen Gondeln auf und ab.

Zahllos die Gesichter, seltsam, zart!
In jedem Laden Spielzeug, bunt und blitzend:
Der Löwe samt dem Buch auf rundem Kissen,
Der Löwe, der auf Marmorsäulen ragt.

Wie auf dem alten ausgebleichten Bild
Trübblauer Himmel, kühl und knisternd …
Nie ist die Enge eng, wie leicht gefüllt,
Und nie erstickend in der feuchten Hitze.

Übertragung Ralph Dutli

Ossip Mandelstam (1891-1938)

Goldstück

Heute nichts als nur den feuchten
Herbst geatmet, ganz verwirrt.
Zeit fürs Abendbrot – im Beutel
Sternengold: und wie das klirrt!

Zitternd schon vom gelben Nebel
Steig ich in den Kellerraum;
Ein Lokal – wie nie gesehen,
Welch ein Pack, hab ich gestaunt!

Kleinbeamte und Japaner,
Theorie von fremdem Geld …
Einer dort – die Münzen grabbelnd,
Nicht sehr nüchtern johlt's und bellt's.

Bitte sehr, können Sie wechseln? –
Frag ich den jetzt ins Gesicht –
Kein Papierchen! Abgewetzte
Rubelscheinchen mag ich nicht!

Was soll ich in diesem Haufen?
Wie bloß kam ich her, mein Gott?
Hab ich Rechte hier, ich brauch es –
Wechseln Sie mir doch mein Gold!

Übertragung Ralph Dutli

Marina Zwetajewa (1892-1941)

Jugend

Bald schon muss ich Schwalbe zu den Hexen!
Jugend! Komm zum Abschied, unserm letzten.
Komm, wir stehn im Wind ein wenig noch,
Sonngebräunte! Tröst mich Schwester, tröst mich doch!

Flamm noch auf im himbeerroten Röckchen,
Meine Jugend! Du, mein Täubchen, reck dich
Her, mein Sonnenliebling! Seelen-Streit!
Meine Jugend! Tröst mich, tanz mich frei!

Mit dem blauen Schal sollst du mich peitschen,
Meine Wilde! Wie wir wirbelten und kreisten
Oft genug! So komm, verbrüh mich, tanz dich toll!
Und leb wohl, mein Bernstein du, mein Gold!

Nicht umsonst berühr ich deine Hände
So, als müsst ich mich vom Liebsten trennen.
Reißt dich aus dem Herzen, tust mir weh –
Meine Jugend! Geh zu andern, geh schon, geh!

Übertragung Ralph Dutli

Erich Fried (1921-1988)

Goldmacher

Die Schwarze Küche kennt das trübe Mittel.
In Krämpfen wird die Mischung hartgebrannt.
O Stein der Weisen, fernes Gold, mein Land!
Von Khaki sind die Alchimistenkittel,

und giftig Blei und Katzengold und Schlacken
sind in des Kolbens Bodensatz gemengt:
Den muss ein Kind in freier Luft zerhacken,
und dreimal noch muss ihn die Flamme packen,
die alles Falsche austreibt und versengt.

Denn du brauchst mehr als Schüler und Adepten,
für die es neun geheime Sprachen gibt.
Sie zanken über Formeln und Rezepten.
Oh die Vertriebenen, oh die Verschleppten! …
Und jeder glaubt vielleicht, dass er dich liebt.

Jan Skácel (1922-1989)

Fährgeld für Charon

Die zunge spürt den letzten kupferling.
Vergebens überlege ich, wohin das gold ich gab.
Nacht ist's draußen, unterm fenster
fiel der weißdorn, neigend sich, in trab.

Noch bin unten ich bedeckt vom reif der liebe.
Handbreit voneinander liegen wir im blinden.
Schweigend koste ich des kupfers bittre wahrheit,
lausche, auf dem rücken liegend, wie wir schwinden.

Übertragung Reiner Kunze

Ingeborg Bachmann (1926-1973)

Lieder auf der Flucht, VII

Innen sind deine Augen Fenster
auf ein Land, in dem ich in Klarheit stehe.
Innen ist deine Brust ein Meer,
das mich auf den Grund zieht.
Innen ist deine Hüfte ein Landungssteg
für meine Schiffe, die heimkommen
von zu großen Fahrten.

Das Glück wirkt ein Silbertau,
an dem ich befestigt liege.

Innen ist dein Mund ein flaumiges Nest
für meine flügge werdende Zunge.
Innen ist dein Fleisch melonenlicht,
süß und genießbar ohne Ende.
Innen sind deine Adern ruhig
und ganz mit dem Gold gefüllt,
das ich mit meinen Tränen wasche
und das mich einmal aufwiegen wird.

Du empfängst Titel, deine Arme umfangen Güter,
die an dich zuerst vergeben werden.

Innen sind deine Füße nie unterwegs,
sondern schon angekommen in meinen Samtlanden.
Innen sind deine Knochen helle Flöten,
aus denen ich Töne zaubern kann,
die auch den Tod bestricken werden …

Christoph Meckel (1935-2020)

Goldfisch

Seit ich den Mond und das Wasser liebe,
lebt ein Goldfisch in meinem Haar,
das verblüfft mich, und ich bemerke,
dass das bei keinem anderen Menschen
der Fall ist.

Seither bin ich durch viele Flüsse geschwommen,
aber das Wasser sagte ihm nicht zu,
ich bot ihn dem Mann im Mond als Geschenk,
doch er weigerte sich, im Licht der Sterne
zwischen den Wolken und Vögeln zu schwimmen,
ich führte ihn an das Rote Meer,
aber er besteht darauf,
in der Dämmerung meines Haars zu altern.

Ich werde ihn weitertragen,
bis seine Schuppen bröckeln,
bis er schwarz wird
und tot in eine graue Pfütze fällt.

Arne Rautenberg (*1967)

goldwind

er winzig
goldner löwe

sie riesig
silbermöwe

sie bracht ihn
zum entzücken

er flog auf
ihrem rücken

da dacht der
anschmiegsame

was ist schon
ein silberner name

was ist schon
ein goldenes haar

verloren im wind
wunderbar

Monika Rinck (*1969)

Exklusiv: Goldsamen jetzt viel günstiger

Hier sind die Tricks der Golden Gärtner: Rotes Pulver!
Super! Hier sind die zu hundert Prozent goldenen Hits
aus der jüngsten Gärtner-Transmutationsalchemie, yeah.
Vierzig Gärten sind da noch das geringste! Lassen Sie:
        Mithilfe von Prima Materia GOLD entstehen,
        OHNE selber zu vergehen. Glück ohne Wucher.
Hundert Prozent sicher. Betrügungsfrei verstofflichbar.
Erschöpfungsloses Erschaffen neuer mineralischer Wurzeln!
Metalle wachsen im Erdinnern wie von alleine zu Gold heran.
Sie werden dann alsbald die Nomenklatur der Gewächse
ordnen und unordnen und draufhin erneut ordnen und
beginnen mit den goldnen Dolden, den Dornen, den Datteln.
Sprechende Hunde, heilende Wunden und sprudelnde Ochsen.
Das Allsprachige Wörterbuch! Bewerben! Wie gut,
dass beim Turmbau alle Sprachen auseinanderflitzten
nach Gottes Gebot. Herrlichkeit! Holländisches Kind
im Mutterbauch Französisch spricht! Unverständnis.
Unverständnis als Erfolgsmodell. Gold gegen Unterricht.
Exklusiv: Verbesserungsangebote für Länge des Lebens!
Für Form, Gestalt, Statur, Komplexion! Verbessern Sie
ihr Temperament! Und Supergünstig noch bis 28. Februar:
Goldhaltiges Mittel gegen Aussatz.
                                        Mit Geld-Zurück-Garantie!
Legierung aus allen Metallen aller Planeten. Nur hier.
Außerdem im Angebot: Aurum Potabile, 4800 Euro (pro Loth).

Jan Wagner (*1971)

kalifornische sonette III

und zum geburtstag in der geisterstadt
allein mit all den geistern, einem windstoß ins genick,
den wäschern und den schürfern. draußen steht
der duft von nebel, kiefernharz und skunk.

ballongespanne, die an autos zerren,
die schulbusse, die sonntags hinter maschen-
drahtzaun gelagert sind wie barren
von gold; im digger's inn die eismaschine,

die nacht für nacht den kalten rosenkranz
aus würfeln murmelt, und im teppichboden
was auf den zweiten blick nichts als geronnenes

blut ist. erdreich, durchsiebt von trassen
und stollen, und im halbschlaf explosionen
tief unten. oder ein paar schüsse draußen.

Literatur

Äsop: Fabeln. Übersetzung und Anmerkungen von Thomas Voskuhl. Nachwort von Niklas Holzberg. Philipp Reclam jun., Stuttgart 2005

Altägyptische Dichtung. Ausgewählt, übersetzt und erläutert von Erik Hornung. Philipp Reclam jun., Stuttgart 1996

Apollonios von Rhodos: Die Fahrt der Argonauten. Übersetzt von Paul Dräger. Philipp Reclam jun., Stuttgart 2002

Bachmann Hans-Gert: Mythos Gold. 6000 Jahre Kulturgeschichte. Mit einem Beitrag von Jörg Völlnagel. Hirmer Verlag, München 2006

Bernstein Peter L.: Die Macht des Goldes. Auf den Spuren einer Faszination. Capital Buch im FinanzBuch Verlag, München 2005

Borneman Ernest: Psychoanalyse des Geldes. Eine kritische Untersuchung psychoanalytischer Geldtheorien. Suhrkamp Verlag, Frankfurt a.M. 1973

Brinkmann Vinzenz (Hg.): Medeas Liebe und die Jagd nach dem Goldenen Vlies. Katalog der Ausstellung in der Liebieghaus Skulpturensammlung, Frankfurt a.M., 5. Oktober 2018 bis 10. Februar 2019. Hirmer Verlag, München 2018

Cendrars Blaise: Gold. Die fabelhafte Geschichte des Generals Johann August Suter. Deutsch von Yvan Goll. Rhein-Verlag, Basel 1925

Dupré Sven/von Kerssenbrock-Krosigk Dedo/Wismer Beat (Hg.): Kunst und Alchemie. Das Geheimnis der Verwandlung. Katalog der Ausstellung im Museum Kunstpalast Düsseldorf, 5. April bis 10. August 2014. Hirmer Verlag, München 2014

Erasmus von Rotterdam: Vertrauliche Gespräche. Aus dem Lateinischen übersetzt, herausgegeben und mit einem Vorwort versehen von Kurt Steinmann. Diogenes Verlag, Zürich 2000

Giemsch Liane/Hansen Sven (Hg.): Gold & Wein. Georgiens älteste Schätze. Begleitband zur Sonderausstellung 6. Oktober 2018 bis 10. Februar 2019, Archäologisches Museum Frankfurt. Nünnerich-Asmus Verlag & Media, Mainz am Rhein 2018

Das Gilgamesch-Epos. Neu übersetzt und kommentiert von Stefan M. Maul. Verlag C.H. Beck, München 2005

Goethe Johann Wolfgang: Faust. Texte. Herausgegeben von Albrecht Schöne. Deutscher Klassiker Verlag, Frankfurt a.M. 2005 (Sechste, revidierte Auflage)

Grewe Bernd-Stefan: Gold. Eine Weltgeschichte. Verlag C.H. Beck, München 2019

Grimm Jacob/Grimm Wilhelm: Die Märchen der Brüder Grimm. Kinder- und Hausmärchen. Wilhelm Goldmann Verlag, München o.J.

Harsch Wolfgang: Der Midaskomplex. Zur unbewussten Bedeutung von Gold, Geld und Kapital. Psychosozial-Verlag, Gießen 2012

Herodot: Historien. Herausgegeben und übersetzt von Josef Feix. Artemis & Winkler, Düsseldorf/Zürich 2004

Hesiod: Werke und Tage. Aus dem Griechischen übertragen von Albert von Schirnding. Carl Hanser Verlag, München 1966

Horaz (Quintus Horatius Flaccus): Oden und Epoden. Übersetzt und herausgegeben von Bernhard Kytzler. Philipp Reclam jun., Stuttgart 1984

Husslein-Arco Agnes/Zaunschirm Thomas (Hg.): Gold. Katalog der Ausstellung im Belvedere Wien, 15. März bis 17. Juni 2012. Hirmer Verlag, München 2012

Kurella Doris/Berger Martin/De Castro Inés: Azteken. Katalog der Ausstellung im Linden-Museum Stuttgart, 12. Oktober 2019 bis 3. Mai 2020. Linden-Museum Stuttgart/Hirmer Verlag, München 2019

La Fontaine Jean de: Fabeln. Ins Deutsche übertragen von Theodor Etzel. Propyläen Verlag, Berlin 1923

Lukrez: Über die Natur der Dinge. In deutsche Prosa übertragen und kommentiert von Klaus Binder. Mit einer Einführung von Stephen Greenblatt. Galiani Verlag, Berlin 2014

Marco Polo: Die Wunder der Welt. Die Reise nach China an den Hof des Kublai Khan. Il Milione. Übersetzung aus altfranzösischen und lateinischen Quellen und Nachwort von Elise Guignard. Insel Verlag, Frankfurt a.M. und Leipzig 2003

Mykene. Die sagenhafte Welt des Agamemnon. Katalog der Ausstellung im Badischen Landesmuseum Karlsruhe, 1. Dezember 2018 bis 2. Juni 2019. Wbg Philipp von Zabern/Wissenschaftliche Buchgesellschaft, Darmstadt 2018

Ovid: Metamorphosen. Übersetzt von Reinhart Suchier. Wilhelm Goldmann Verlag, München o.J.

Pieth Mark: Goldwäsche. Die schmutzigen Geheimnisse des Goldhandels. Salis Verlag, Zürich 2019

Plinius Secundus Gaius: Naturkunde. Buch 33: Metallurgie. Herausgegeben und übersetzt von Roderich König in Zusammenarbeit mit Gerhard Winkler. Artemis & Winkler, München/Zürich 1984

Der Rig-Veda. Aus dem Sanskrit ins Deutsche übersetzt und mit einem laufenden Kommentar versehen von Karl Friedrich Geldner. Published by The Department of Sanskrit and Indian Studies, Harvard University. Cambridge, Massachusetts and London 2003 (Harvard Oriental Series, Edited by Michael Witzel, Volume Sixty-Three)

Salgado Sebastião: Gold. Taschen Verlag, Köln 2019

Schlesier Renate: »Goldene Aphrodite«. Zu einem Paradigma der antiken Literatur. In: Andrea Sakoparnig/Andreas Wolfsteiner/Jürgen

Bohm (Hg.): Paradigmenwechsel. Wandel in den Künsten und Wissenschaften. Walter de Gruyter, Berlin/Boston 2014, S. 259-275

Steinkopf Monika (Hg.): Gold. Der Mythos in Kunst und Dichtung. Philipp Reclam jun., Stuttgart 2014

Völlnagel Jörg: Alchemie. Die königliche Kunst. Hirmer Verlag, München 2012

Wagner Jan: Gold. Revue. Hörspiel. 2 CD. Regie: Leonhard Koppelmann. Produktion: Deutschlandfunk/Südwestrundfunk. Der Hörverlag, München 2017

Wamser Ludwig/Gebhard Rupert (Hg.): Gold. Magie Mythos Macht. Gold der Alten und Neuen Welt. Arnoldsche Art Publishers, Stuttgart 2001

Wieczorek Alfried/Rosendahl Wilfried (Hg.): Javagold. Pracht und Schönheit Indonesiens. Katalog der Ausstellung Reiss-Engelhorn-Museen Mannheim, 15. September 2019 bis 13. April 2020. Nünnerich-Asmus Verlag & Media, Oppenheim am Rhein & Curt-Engelhorn-Stiftung für die Reiss-Engelhorn-Museen, Mannheim 2019

Zorach Rebecca/Phillips Michael W.: Gold. Nature and Culture. Reaktion Books, London 2016 (Earth Series)

Zweig Stefan: Die Entdeckung Eldorados. In: Sternstunden der Menschheit. Zwölf historische Miniaturen. S. Fischer Verlag, Frankfurt a. M. 1956

Nachweise

Ältere, nicht nachgewiesene Gedichte sind gemeinfrei. Die Gedichte von Archilochos, Sappho, Horaz (Carmen III,16), Vergil (Ekloge VIII, 47-60), Chrétien de Troyes (Der Gral, V. 3201-3227; 3231-3241), Francesco Petrarca, Joachim Du Bellay, Pierre de Ronsard, William Blake, Emily Dickinson (Gedicht 856), Arthur Rimbaud, Robert Frost, Welimir Chlebnikow und Wladislaw Chodassewitsch wurden von Ralph Dutli für dieses Buch übertragen, © Wallstein Verlag, Göttingen 2020.

Weitere Gedichtübertragungen von Ralph Dutli stammen aus folgenden Büchern:

Anonym »Fatrasie 15« in: Ralph Dutli, Fatrasien. Absurde Poesie des Mittelalters. Wallstein Verlag, Göttingen 2010

Anna Achmatowa »Venedig« in: Ralph Dutli, Nichts als Wunder. Essays über Poesie. Ammann Verlag, Zürich 2007 / © neu: Ralph Dutli, Heidelberg

Ossip Mandelstam »Goldstück« in: O.M., Der Stein. Gedichte 1908-1915. Aus dem Russischen übertragen und herausgegeben von Ralph Dutli. Ammann Verlag, Zürich 1988 / © neu: S. Fischer Verlag, Frankfurt a.M.

Paul Verlaine »Beams« in: Ralph Dutli, Nichts als Wunder. Essays über Poesie. Ammann Verlag, Zürich 2007 / © neu: Ralph Dutli, Heidelberg

Marina Zwetajewa »Jugend« in: M.Z., Liebesgedichte. Aus dem Russischen übertragen und mit einem Nachwort-Essay von Ralph Dutli. Ammann Verlag, Zürich 1997 / © neu: Ralph Dutli, Heidelberg

Der Abdruck der übrigen Texte erfolgt mit freundlicher Genehmigung der Verlage, die Gedichte stammen aus folgenden Ausgaben:

Michelangelo Buonarroti »So wie in Glut« in: Michelangelo, Gedichte. Herausgegeben und übersetzt von Michael Engelhard. Insel Verlag, Frankfurt a.M./Leipzig 1992

Luis de Góngora »Solang noch Gold« in: Michael Mertes, Experimenta sonettologica. Laborversuche mit der bekanntesten Gedichtform italienischen Ursprungs. Verlag Franz Schön, Bonn 2018

William Shakespeare »Sonett 55« in: Du, meine Rose, bist das All für mich. Die Sonette von William Shakespeare. Ins Deutsche übertragen von Michael Mertes. Zweite, überarbeitete Auflage. Verlag Franz Schön, Bonn 2014

John Donne »Herbstliche Schönheit« (9. Elegie, Auszug) in: Schweig endlich still und lass mich lieben! Ein John-Donne-Lesebuch von Michael Mertes. Zweite, überarbeitete Auflage. Verlag Franz Schön, Bonn 2020

Erich Fried »Goldmacher« in: E.F., Gedichte I. Gesammelte Werke. Herausgegeben von Volker Kaukoreit und Klaus Wagenbach. Wagenbach Verlag, Berlin 1993

Ingeborg Bachmann »Lieder auf der Flucht, VII« in: I.B., Werke, Bd.1: Gedichte. R. Piper & Co. Verlag, München 1978

Jan Skácel »Fährgeld für Charon« in: J.S., Fährgeld für Charon. Übertragung von Reiner Kunze. Merlin Verlag, Gifkendorf 1967

Christoph Meckel »Goldfisch« in: Ch.M., Tarnkappe. Gesammelte Gedichte. Herausgegeben von Wolfgang Matz. Carl Hanser Verlag, München 2015

Arne Rautenberg »goldwind«: Originalbeitrag, © Arne Rautenberg 2020

Monika Rinck »Exklusiv: Goldsamen jetzt viel günstiger«: Originalbeitrag, © Monika Rinck 2020

Jan Wagner »kalifornische sonette III« in: J.W., Die Live Butterfly Show. Gedichte. Hanser Berlin 2018

Dank

an die Vontobel-Stiftung, Zürich, in deren Schriftenreihe (Redaktion Dr. Martin Meyer) im Februar 2019 Teile dieses Buches erscheinen durften. Dank an Prof. Stefan Maul, Heidelberg, für wertvolle Hinweise auf Gold in den Kulturen Babyloniens und Assyriens; an Prof. Jürgen Paul Schwindt, Heidelberg, für guten Ratschlag zur Goldkritik der römischen Dichter.

Dank an meine Söhne Boris und Olivier, denen die ersten »Kleinen Kulturgeschichten« gewidmet waren, *Liebe Olive* (2009; 2013) und *Das Lied vom Honig* (2012, 7. Auflage 2018), die sich mit dem vorliegenden Buch zur Trilogie erweitern, nach dem pflanzlichen und dem animalischen das mineralische Element als Schlussstück gefunden haben. An meine Frau, Catherine Dutli-Polvêche, für die Einsicht, dass das wahre Gold kein Metall sein muss. An meine Schwester, Jacqueline Dutli, für vielfältige Unterstützung und die erneuerte Website *www.ralph-dutli.de.* Dank an Freunde aus nah und fern für goldene Zeichen der Freundschaft.

Namenregister

Inhalt

Das Gold der Gedichte